Début d'une série de documents
en couleur

QUATRIÈME CENTENAIRE

DE LA

DÉCOUVERTE

DE L'AMÉRIQUE

Jean-François de La Rocque, Sgr de Roberval, vice-roi du Canada.

par l'abbé Em. Morel.

—

SOCIÉTÉ HISTORIQUE

DE

COMPIÈGNE

———

M DCCC LXXXXII

7

Fin d'une série de documents
en couleur

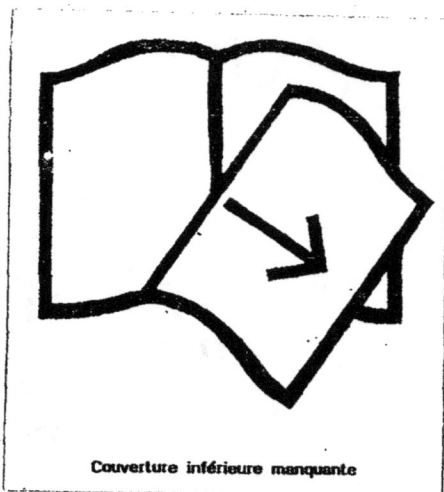

Couverture inférieure manquante

COMPIÈGNE

ET

LE QUATRIÈME CENTENAIRE

DE

LA DÉCOUVERTE DE L'AMÉRIQUE

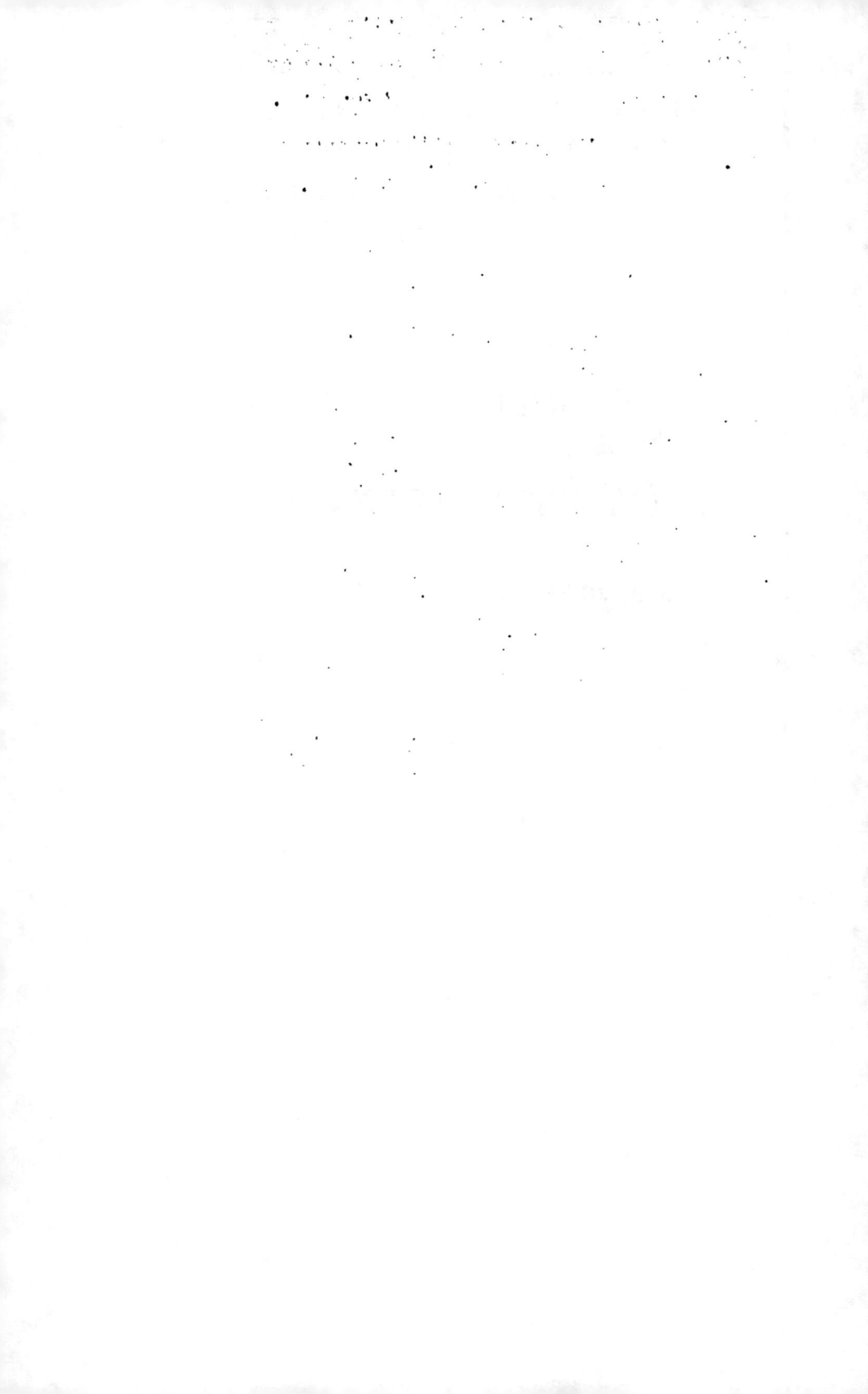

QUATRIÈME CENTENAIRE

DE LA

DÉCOUVERTE

DE L'AMÉRIQUE

——————

SOCIÉTÉ HISTORIQUE

DE

COMPIÈGNE

——————

M DCCC LXXXXII

OFFERT

AU

CONGRÈS INTERNATIONAL

DES AMÉRICANISTES

RÉUNI

AU COUVENT DE LA RABIDA

A L'OCCASION DU

QUATRIÈME CENTENAIRE DE LA DÉCOUVERTE

DU NOUVEAU-MONDE

PAR LA

SOCIÉTÉ HISTORIQUE

DE

COMPIÈGNE

L'INFLUENCE

DES

ŒUVRES DE PIERRE D'AILLY

SUR LES

PROJETS DE CHRISTOPHE COLOMB

PAR

Le Comte de MARSY

MEMBRE CORRESPONDANT DE L'ACADÉMIE ROYALE DE L'HISTOIRE DE MADRID
ET DE L'ACADÉMIE DES BELLES-LETTRES DE SÉVILLE
SECRÉTAIRE DE LA SOCIÉTÉ HISTORIQUE DE COMPIÈGNE

« Je crois certain que parmi les écrivains anciens d'Ailly est celui qui a le plus excité Colomb à réaliser son grand projet. »

LAS CASAS, *Historia de Las Indias,*

Pierre d'Ailly, cardinal, évêque de Cambrai, est, de tous les enfants de Compiègne, celui qui a joué au moyen âge le rôle le plus important, non seulement dans la théologie et la politique, mais encore dans les sciences et les lettres.

Nous croyons inutile de retracer, après tant d'autres, les détails de sa vie, mais nous pensons qu'il n'est pas hors de propos de rappeler l'influence considérable que la lecture de ses œuvres eut sur Christophe Colomb, au moment où celui-ci formait le projet qui aboutit à la découverte du nouveau monde.

C'est un nouvel hommage que la Société historique de Compiègne croit devoir rendre, à l'occasion du quatrième Centenaire de la découverte de l'Amérique, à l'illustre concitoyen dont elle a déjà honoré la mémoire en lui consacrant un monument commémoratif dans l'église de Saint-Antoine de cette ville[1].

1. Pierre, fils de Colart d'Ailly, bourgeois de Compiègne et de Perrine, sa femme, naquit à Compiègne vers 1350 et mourut le 9 août 1420.

Nous ne ferons que résumer le récent travail qu'un de nos correspondants, M. l'abbé Salembier, docteur en théologie, aumônier des dames d'Esquermes, à Lille, vient de consacrer au célèbre évêque de Cambrai, dont il a, il y a quelques années, retracé la vie et analysé les œuvres dans un ouvrage magistral[1], depuis complété en quelques parties par des monographies spéciales.

Dans cette nouvelle publication[2] M. l'abbé Salembier examine l'influence exercée sur la destinée de Christophe Colomb par la lecture des œuvres du cardinal compiégnois.

Il y a un peu plus de neuf ans, le conservateur de la Bibliothèque Colombine de Séville nous montrait parmi les livres les plus précieux de cette riche collection un exemplaire de l'*Imago Mundi*, de notre concitoyen le cardinal d'Ailly, exemplaire imprimé à Louvain entre 1480 et 1483[3], et dont l'intérêt était considérablement accru par les notes de la main de Christophe Colomb qui en recouvraient les marges.

Ces notes, qui ont été relevées par M. Harisse, paraissent avoir été écrites par Colomb vers 1485, au moment où il se trouvait dans le couvent de Santa Maria de la Rabida, où il était venu consulter le prieur de ce monastère Juan de Marchena, l'un des cosmographes les plus distingués de son époque.

C'est là que le grand navigateur mûrissait son projet, non de découvrir un nouveau continent, il n'y songeait guère, mais de trouver un chemin pour arriver aux Indes par mer, de chercher par l'Occident le chemin de l'Orient.

Voyons donc, avec M. Salembier, ce que disait Pierre d'Ailly et ce qui, dans son livre, frappa si vraiment l'esprit de l'amiral.

1. Petrus de Alliaco. *Insulis, ex typis J. Lefort*, 1886, in-8, XLIX, 386 p.
2. Un évêque de Cambrai et la découverte de l'Amérique. *Lille, imp. Ducoulombier*, 1892, in-8, 24 p.
3. Par Jean de Westphalie.

« La terre est sphérique, écrivait le cardinal, et l'océan occidental relativement petit. Aristote prétend, contre Ptolémée, que plus du quart de l'univers est habité, et Averrhoès soutient la même opinion. Le Stagyrite affirme encore que la mer est petite, entre la côte d'Espagne à l'Occident et les rivages de l'Inde à l'Orient. Il ne s'agit pas ici, continue d'Ailly, de l'Espagne actuelle, mais de l'Espagne ultérieure qui est l'Afrique. Sénèque assure que l'on peut traverser cette mer en peu de jours, si le vent est favorable..... »

Plus loin, il ajoute que certainement la distance de l'Espagne à l'Inde, par terre, en se dirigeant vers l'Est, représente plus de la moitié du périmètre de la terre. Par conséquent, la distance à parcourir par mer, en faisant voile vers l'Ouest, est beaucoup moins considérable.

Plus tard, après son troisième voyage, Colomb, dans un rapport adressé à Ferdinand et Isabelle, cite presque en entier ce chapitre de Pierre d'Ailly, heureux, semble-t-il, d'avoir prouvé par ses découvertes la vérité des théories du célèbre cardinal.

A coup sûr, en indiquant la possibilité de la découverte d'un nouveau continent, Pierre d'Ailly n'a fait qu'une œuvre de savant et de penseur, mais on sait quelle large part il a donné dans ses recherches aux études astrologiques, aussi n'est-ce pas sans étonnement qu'on voit qu'il a, dès le commencement du xv⁰ siècle, prédit et précisé la date exacte de la Révolution française.

Ajoutons que, parmi les services que Pierre d'Ailly rendit aux études scientifiques, on doit compter la réforme du calendrier, dit depuis Grégorien, dont il fut également le premier promoteur.

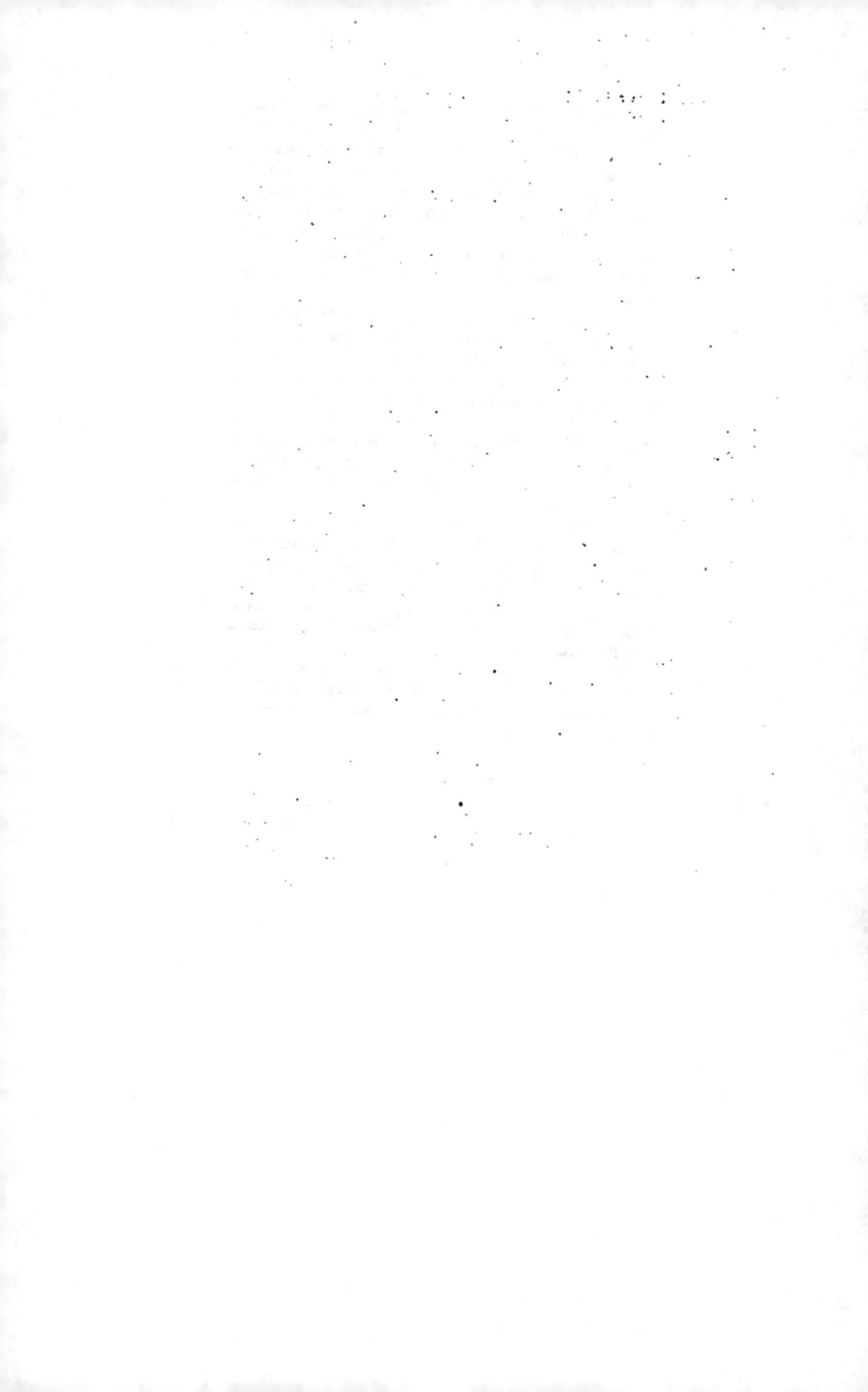

JEAN-FRANÇOIS DE LA ROCQUE

Seigneur de ROBERVAL

Vice-Roi du CANADA

PAR

M. l'Abbé Emile MOREL

CURÉ DE CHEVRIÈRES

MEMBRE ET ANCIEN VICE-PRÉSIDENT DE LA SOCIÉTÉ HISTORIQUE DE COMPIÈGNE

CORRESPONDANT DU MINISTÈRE DE L'INSTRUCTION PUBLIQUE

JEAN-FRANÇOIS DE LA ROCQUE

VICE-ROI DU CANADA

I

Au commencement de l'année 1534, l'amiral Philippe, vicomte de Chabot, seigneur de Brion, présenta au roi François Ier un hardi navigateur de Saint-Malo, nommé Jacques Cartier. Parlant des riches contrées de l'Amérique récemment découvertes, François Ier avait dit, sous forme de plaisanterie : « Les rois de Portugal et d'Espagne se partagent tranquillement le Nouveau-Monde. Au moins devrais-je en avoir ma part, comme leur frère. Je voudrais bien connaître l'article du testament d'Adam qui leur lègue ce vaste héritage. » Jacques Cartier s'offrait à seconder ses désirs. Ses nombreux voyages sur l'Atlantique l'avaient familiarisé avec les périls de la mer. Dans ses courses lointaines, il avait entrevu des régions inconnues qu'il lui tardait de visiter. Il se promettait de procéder avec plus de méthode que ne l'avait fait, dix ans auparavant, le florentin Jean Verrazano dont le roi de France avait encouragé les expéditions aventureuses. Verrazano avait, dit-on, en 1524, longé les côtes de l'Amérique du Nord, depuis la Géorgie jusqu'au Labrador, dans une étendue de 700 lieues. Il avait même donné à toute la région, ainsi reconnue par lui, le nom de Nouvelle-France. Par le fait, il avait découvert le

Canada, mais il n'avait pas osé pénétrer dans l'intérieur du continent.

Jacques Cartier devait être plus audacieux. C'est bien à lui que revient l'honneur d'avoir, le premier, exploré le pays et d'en avoir préparé la colonisation. Parti de Saint-Malo, le 20 avril 1534, avec deux vaisseaux de 60 tonneaux et 122 hommes d'équipage, il arriva, le 10 mai, en vue de Terre-Neuve, dans le voisinage du cap Bona-Vista, se vit, à cause des glaces flottantes, obligé de chercher un refuge au sud, dans un port qu'il nomma Sainte-Catherine, reprit, dix jours après, le 21 mai, sa route vers le nord, passa devant de petits îlots qui lui doivent le nom d'Iles des Oiseaux, atteignit la pointe septentrionale de Terre-Neuve, qu'il appela Carpont ou Quirpont, et s'engagea enfin dans le détroit de Belle-Ile entre Terre-Neuve et le Labrador. Une idée fixe le préoccupait. C'était de trouver le fameux passage qu'on supposait conduire d'Europe en Chine par le Nord-Ouest. A cette fin, il parcourut, du 13 au 24 mai, le bras de mer qui s'étend du cap Charles aux côtes de l'Acadie ou Nouvelle-Écosse, visita l'île Brion, traversa l'archipel de la Madeleine et mit pied à terre, le 1er juillet, dans le Nouveau-Brunswick à l'embouchure du Miramichi, au nord de l'île Saint-Jean. Le lendemain, il entra dans le golfe de Saint-Lunaire, puis jusqu'au 6 juillet fouilla la côte dans toutes les sinuosités, toujours dans l'espoir de « trouver le passage. » Le 8 juillet, il pénétra dans une vaste baie qu'il appela d'un nom significatif, Baie des Chaleurs, mais n'y rencontrant point le canal qu'il cherchait, il reprit, le 12, la direction du Nord. Le 16 juillet, il s'arrêta dans la baie de Gaspé et y demeura jusqu'au 25. Tous ses compagnons se plaignaient de la fatigue. Il était temps de songer au retour.

Toutefois, avant de partir, Cartier voulut, au nom de la France, prendre possession du pays dont les côtes venaient d'être reconnues. Il fit donc planter sur le rivage, en Gaspésie, une croix de bois, haute de 30 pieds, portant un écusson aux armes de France, avec cette légende: *Vive le roi de France.* Puis tout l'équipage se mit à genoux et pria. Cette scène imposante produisit une vive impression sur les sauvages qui en furent les témoins. Cartier fit reprendre encore une fois à ses navires la direction du Nord, fouillant toujours la côte, persuadé qu'il parviendrait enfin à l'introuvable passage. Le 1er août, il était dans le détroit de Saint-Pierre entre le cap Gaspé et l'île d'Anticosti, tout près de l'embouchure du fleuve Saint-Laurent. Il tourna ensuite à l'est et vint repasser au nord de Terre-Neuve. Le 5 septembre il rentrait dans le port de Saint-Malo après avoir traversé l'Antlantique en un mois et cinq jours. Trois mois et demi avaient suffi à son voyage.

La relation de ses découvertes, écrite en un style vif et parfois naïf, émerveilla la cour de François Ier. Un établissement au Canada fut aussitôt résolu. Dès le 30 octobre 1534, une commission royale instituait Cartier chef de l'expédition. Le vice-amiral de la Meilleraye lui fit donner trois vaisseaux et de bons équipages. L'intrépide marin se hâta de reprendre la mer. Le 16 mai 1535, jour de la Pentecôte, il communiait avec son équipage dans la cathédrale de Saint-Malo et recevait la bénédiction de l'évêque François Bohier. Le 26 juillet, malgré les tempêtes et les vents contraires, les trois vaisseaux se retrouvaient sur les côtes de Terre-Neuve à l'île des Oiseaux, aujourd'hui Funk-Island. L'exploration des îles dont est parsemée l'embouchure du Saint-Laurent fut son premier souci. Le 1er août, il jetait l'ancre à l'entrée du fleuve, dans un port qui reçut de lui le nom de Saint-Nicolas, sous lequel on le connaît encore. Remontant le cours du Saint-Laurent, il visita l'île d'Orléans, laissa, à la mi-septembre, deux de ses vaisseaux devant Stadaconé, non loin du cap auprès duquel s'élève aujourd'hui Québec, pénétra, dix lieues au-delà, dans la rivière qui a gardé le nom de Jacques-Cartier et poussa son exploration jusqu'au village d'Ochelaga, à 210 lieues de l'embouchure du fleuve. Il y arriva le 2 octobre. Ochelaga était situé dans une île au pied d'une colline

que Cartier gravit. Son admiration fut extrême à la vue du splendide panorama qui se déroulait devant lui. Aussi, donna-t-il à ce lieu le nom de Montréal qui depuis sert à désigner l'île entière. La ville de Montréal occupe aujourd'hui l'emplacement d'Ochelaga. Ses premières maisons ont été bâties en 1640.

Cartier ne resta guère qu'une journée à Ochelaga ; le 3 octobre, il retourna à son mouillage près de Stadaconé. C'est là qu'il passa l'hiver de 1535. Mais le froid et l'humidité firent horriblement souffrir son équipage. Le scorbut ne tarda pas à se déclarer parmi ses hommes. Vingt-cinq d'entre eux succombèrent. Trois seulement furent épargnés. Tous eussent infailliblement péri, si l'un des naturels qui servaient d'interprètes à Cartier, dom Agaya[1], après avoir été atteint lui-même par le fléau, n'eût indiqué l'arbre dont les feuilles offraient un remède souverain contre l'épidémie. D'un autre côté, les sauvages, voyant les explorateurs en si piteux état, crurent le moment favorable pour se coaliser contre eux. Cartier ne perdit pas son sang-froid, tint tête à l'orage et obtint facilement raison des Canadiens dont il captura le chef, nommé Donnaconna, dans l'intention de l'emmener en France. Ce coup audacieux terrifia les sauvages.

Avant de quitter ces parages, Cartier en prit solennellement possession ; le jour de l'invention de la Sainte-Croix, 3 mai 1536, il érigea sur le rivage, près de Stadaconé, une grande croix de bois, haute d'environ 35 pieds, y fit apposer un écu aux armes de France avec cette légende : *Franciscus primus, Dei gratia Francorum rex, regnat*. Le samedi suivant, 6 mai, les navires levaient l'ancre. Le 19 juin, ils s'éloignaient de Terre-Neuve et, le 16 juillet, rentraient dans le port de Saint-Malo[2].

---

1. Au retour de son premier voyage, Cartier emmena avec lui plusieurs sauvages qui devaient dans la suite lui servir d'interprètes. Dom Agaya fut du nombre des premiers Canadiens qui le suivirent en France.

2. Voir pour les voyages de Cartier le *Brief récit et succincte narra-*

François Ier lut avec satisfaction la relation du second voyage de Cartier et déclara aussitôt qu'il fallait, sans plus tarder, établir une colonie française au Canada. Cinq ans cependant s'écoulèrent, avant qu'on pensât sérieusement à mettre ce projet à exécution.

C'est seulement le 17 octobre 1540, que des lettres patentes, datées de Saint-Prix[1], donnèrent à Cartier toute facilité pour organiser une troisième expédition. Ces lettres renferment l'historique de tout ce que la France avait tenté jusque-là, pour explorer quelques-uns de ces nouveaux pays qu'on disait inhabités, ou « possédéz par gens sauvaiges vivans sans congnoissance de Dieu et sans usaige de raison. » Le but que se proposait le roi y est clairement indiqué. Sans doute, en envoyant en ces régions de bons pilotes « à grans frais et mises, » il avait en vue l'extension du commerce, mais il ne songeait pas moins à la propagation de la foi chrétienne. Il tenait à « faire chose agréable à Dieu, nostre Créateur et Rédempteur, et qui feust à l'augmentation de son sainct et sacré nom et de nostre mère saincte Église catholique, dont il estoit dict et nommé le premier filz. » Les indigènes que les navigateurs, notamment Jacques Cartier, lui avaient amenés de ces terres lointaines furent entretenus en France à ses frais. Il les fit « instruire en l'amour et crainte de Dieu et de sa saincte loys, doctrine crestienne, en intencion de les faire ramener ésdicts païs, en compaignie de bon nombre de ses subjectz de bonne voulenté, affin de plus facillement indhuyre les autres peuples d'iceulx païs à croire à nostre saincte foy. »

Suivant Cartier « les terres de Canada et Ochellaga faisoient un bout de l'Asie, du cousté de l'Occident. » Le doute ne lui semblait plus possible à cet égard, depuis qu'il

tion de la navigation, faicte ès ysles de Canada, Hochelaga et Saguenay et autres, avec particulières meurs, langaige et cérimonies des habitans d'icelles, fort délectable à veoir. Paris, Ponce Roffet, dict Faucheur, et Anthoine le Clerc, frères, 1545.

1. Bibl. nat. Registre de François Ier, Ms. fr. 5503, f° 190.

avait cru reconnaître la Chine à 11 kilomètres au-delà d'Ochelaga ou Montréal, au point depuis occupé par un petit village, toujours nommé la Chine? Ce village est aujourd'hui la résidence du gouverneur de la baie de l'Hudson. La Chine a même son chemin de fer qui aboutit sur les bords de l'Ottawa.

L'intrépide marin avait raconté au roi, que les pays, visités par lui, étaient « garnys de plusieurs bonnes commoditéz et les peuples d'iceulx bien forméz de corps et de membres et bien disposéz d'esprit et d'entendement. » Tout annonçait donc qu'on y pourrait établir une excellente colonie. Cartier se trouvait tout désigné pour mener à bonne fin cette entreprise à cause « de ses sens suffisans, loyaulté, preudhomye, hardyesse, grande diligence et bonne expérience. » Aussi, par ses lettres-patentes, François Ier l'établissait il « cappitaine général et maistre pillotte de tous les navires et aultres vaisseaulx de mer, ordonnéz estre mennéz pour la dicte expédicion, » et lui donnait « puissance et auctorité de mettre establir et instituer èsdicts navires, tels lieutenans, patrons, pillottes et aultres ministres, nécessaires pour le faict et conduicte d'iceulx, et en tel nombre qu'il congnoistroit et verroit estre besoing. » En outre, il lui abandonnait « son petit gallion, appellé l'*Émérillon*, lequel estoit jà viel, pour servir à l'adob de ceulx des navires qui en auroient besoing, sans ce qu'il feust tenu en rendre aucun aultre compte ne relicque. » Cartier devait jouir de certains « honneurs, prérogatives, prééminences, franchises, libertéz, gaiges et bienfaictz » que le roi déterminerait. Le prévôt de Paris, les baillis de Rouen, Caen, Orléans, Blois et Tours, les sénéchaux du Maine, de l'Anjou et de la Guyenne et tous les autres baillis, sénéchaux, prévôts, justiciers et officiers quelconques de France et du pays de Bretagne, « par devers lesquelz estoient aucuns prisonniers, accuzés et prévenuz d'aucuns crimes, quelz qu'ilz feussent, fors des crimes de hérésie et lèze-majesté divine et humaine envers le roy et de faulx monnoieurs devoient incontinent

délivrer, rendre et bailler ès mains dudict Cartier, ou ses
commis, ceulx des dicts prisonniers qu'il congnoistroit estre
propres, suffisans et cappables pour servir à icelle expédicion, jusques au nombre de cinquante personnes, et selon le
choix que ledict Quartier en feroit, iceulx premièrement
jugéz et condempnéz, selon leurs démérites et la gravité de
leurs mesfaictz. »

Trois jours après, le 20 octobre 1540, le dauphin Henri,
duc de Bretagne, ratifiait les dispositions prises par son
père, relativement aux cinquante prisonniers qui devaient
aller au Canada.

Le capitaine général, maître pilote de la nouvelle expédition, se hâta de faire ses préparatifs. Mais il lui fallut
compter avec plus d'une difficulté. Le 12 décembre 1540,
François Ier en un mandement, daté de Fontainebleau,
enjoignait au sénéchal de Rennes, d'informer sur les empê-
chements, mis au départ de Jacques Cartier. Il devait se
passer plus de cinq mois encore, avant que les navires, des-
tinés au Canada, prissent la mer.

II

Sur ces entrefaites, une autre combinaison fut étudiée à
la cour de France. Un grand seigneur, à l'esprit chevale-
resque, était venu demander à prendre part à la colonisation
projetée. Son imagination s'était laissé enflammer aux récits
de Cartier, et, dès lors, le Nouveau-Monde faisait pour ainsi
dire l'unique objet de ses pensées. Sa proposition reçut un
bon accueil. Entrant même dans ses vues, François Ier
songea à lui confier la direction de la nouvelle expédition
que préparait Cartier. Ce grand seigneur était Jean-François
de la Rocque, seigneur de Roberval. Dès le 30 novembre 1540, il reçut, lui aussi, l'autorisation d'embarquer
cinquante prisonniers.

Cartier ne vit pas sans déplaisir le changement apporté

à sa situation. Après avoir été le chef de l'entreprise, il descendait au second rang. Néanmoins, dissimulant son mécontentement, il continua ses préparatifs.

Jean-François de la Rocque, chevalier, seigneur de Roberval, appartenait à une grande famille du Languedoc. Son père, Bernard de la Rocque, écuyer, seigneur d'Arzains, Armenys, avait, suivant une commission datée de Lyon, le 20 mars 1496[1], reçu du roi Charles VIII la charge de réprimer les brigandages « que plusieurs gens de guerre vaccabons, ou feignans estre gens de guerre, venus du royaume de Cécile ou d'ailleurs de là les mons » exerçaient sur le peuple « prenant les provisions des pouvres gens, contre leur gré et voulenté, sans aucune chose pour ce paier, emportant, ravissant à force et violence leurs autres biens, bagues (meubles) et utensiles et leur faisant plusieurs griefves oppressions, dommages et molestacions en corps et en biens. »

En 1501, Bernard de la Rocque[2] était déjà connétable de Carcassonne et marié à Isabelle ou Isabeau de Poitiers, fille de Mahieu de Poitiers, écuyer, et de Alix de Popincourt[3] qui lui avait apporté en dot la terre de Roberval. Au nombre de ses neveux figuraient Bertrand de la Rocque, capitaine de Cherbourg, et Guillaume de la Rocque, son frère, tous deux écuyers, seigneurs de Blaizains en Languedoc.

1. Original au château de Roberval.

2. Bernard de la Rocque prit pour femme, vers 1482, Marie de Glennes, fille de Robert de Glennes ou de Glynnes, seigneur de Ranse. Marie de Glennes venait de perdre son mari Phillebert Boutillac, seigneur de Bernières, conseiller et secrétaire du comte d'Etampes, qu'elle avait épousé, le 29 septembre 1458. Bernard de la Rocque devint veuf de Marie de Glennes à la fin d'août 1487. C'est longtemps après, qu'il se remaria avec Isabeau de Poitiers.

3. Alix de Popincourt était fille de Baugeois de Popincourt qui, le 18 mars 1471 (1472 n. s.), acheta la terre et seigneurie de Roberval, de Walleran de la Rosière, écuyer, fils aîné et héritier de Pierre de la Rosière, écuyer, dit Godran, seigneur de Raimbaucourt. Pierre de la Rosière avait acquis cette même terre et seigneurie de André du Hamel, écuyer.

Bernard de la Rocque mourut en 1514, laissant plusieurs enfants mineurs, notamment une fille, Charlotte de la Rocque, qui épousa, en juin 1526, Guillaume de Magdaillan, seigneur de Montataire, et un fils Jean-François de la Rocque qui allait devenir célèbre comme vice-roi du Canada[1].

En 1521, J.-F. de la Rocque avait atteint sa majorité; il administrait ses demaines, étalant de l'opulence et recherchant le faste et les grandeurs. C'est vers cette époque que Clément Marot, secrétaire de Marguerite de Valois, duchesse d'Alençon, lui adressa, sous forme d'épîtres, deux pièces de vers[2] laissant bien deviner ce qu'était ce grand seigneur, avide de jouissances. Dans la première, Marot le prie de lui procurer un cheval, sans doute pour accompagner, sur les confins de la Champagne, le duc d'Alençon qui venait de recevoir le commandement des troupes, concentrées en cet endroit, en prévision d'une guerre avec Charles Quint. Dans la seconde, écrite vraisemblablement après la campagne de Hainaut, le poëte libertin raconte à « son seigneur tant cher » ses mésaventures, l'ennui qu'il éprouva de se voir atteint d'une maladie honteuse et le traitement auquel il dut se soumettre, pour parvenir à la guérison[3].

La première de ces épîtres suffira pleinement à nous montrer l'intimité qui régnait entre son auteur, tout fier de s'être donné les sobriquets de *capitaine bourgeon, capitaine raisin*, et le seigneur de Roberval.

ÉPISTRE POUR LE CAPITAINE BOURGEON A M. DE LA ROCQUE

Comme à celuy, en qui plus fort j'espère,
Et que je tien pour père et plus que père,
A vous me plain par cet escript léger,
Que je ne puy de Paris desloger.

1. Nous avons pris tous ces renseignements généalogiques dans les archives du château de Roberval.

2. OEuvres de Clément MAROT. Édit. Georges Guiffrey, t. III, p. 36 et 59.

3. MAROT, Ibid , p. 59-63.

Et si en ay vouloir, tel comme il fault ;
Mais quoy ? C'est tout : le reste me deffault
J'entend cela qui m'est le plus duysant.
Mais que me vault d'aller tant devisant ?
Venons au point : Vous sçavez, sans reproche,
Que suis boyteux, au moins comme je cloche.
Mais je ne sçay, si vous sçavez comment
Je n'ay cheval, ne mulle, ne jument.
Pourquoy, Monsieur, je le vous fay sçavoir,
A celle fin que m'en faciez avoir.
Ou il faudra (la chose est toute seure),
Que voise à pied, ou bien que je demeure ;
Car en finer, je ne m'attend d'ailleurs.
Raison pourquoy ? Il n'est plus de bailleurs,
Sinon de ceuls lesquels dormiroyent bien.
Si vous supply, le très cher seigneur mien,
Baillez assez, mais ne vueillez dormir,
Quand Désespoir me veut faire gémir.
Voicy comment bien fort de luy me mocque.
O Désespoir, croy que soubz une Rocque,
Rocque bien ferme et pleine d'asseurances,
Pour mon secours est cachée Espérance.
Si elle en sort, te donnera carrière
Et pour ce donc recule-toy arrière.
Lors Désespoir s'en va, saignant du nez,
Mais ce n'est rien, si vous ne l'eschinez,
Car aultrement jamais ne cessera
De tourmenter le Bourgeon qui sera
Tousiours bourgeon, sans raisin devenir,
S'il ne vous plaist de luy vous souvenir.

J.-F. de la Rocque se vit un moment seigneur de Roberval, Noë Saint-Remy, Noë Saint-Martin, Bacouel et Mauru,
au duché de Valois (Oise) ; de Seuil, Acy-lès-Rethel, Poix
et Saint-Soupplex dans le Rethelois (Ardennes) ; d'Arzains
et Armenys dans le Languedoc (Aude). Une nuée de flat-
teurs l'inondaient de leurs éloges. Il n'en fallait pas tant
pour lui donner le vertige. Sa prodigalité ne connut plus
de bornes. Elle l'obligea bientôt, tant pour reculer le payement de ses dettes, que pour se créer de nouvelles ressour-

ces, à constituer de lourdes rentes, sur chacun de ses domaines, à en vendre les terres l'une après l'autre et même à
se dessaisir de ses seigneuries. C'est ainsi que, le 28 décembre 1531, il céda sa terre de Seuil à Girard Briotin. Le 28
février suivant (1534 v. s.) ce fut le tour de celles de Poix et
de Bacouel qu'il aliéna, moyennant 3456 l. 6 s. 5 den., à
Pierre Bellut, procureur au Parlement. Il est vrai qu'usant
de la faculté du réméré, qu'il se réservait toujours, il racheta
Poix et Bacouel, le 15 janvier 1535 (1536 n. s.). La terre
de Poix lui avait été donnée avec celle d'Acy-lès-Rethel et
Saint-Soupplex par son cousin germain, Guillaume de la
Rocque, seigneur de Blaizains, le 5 mars 1530 (1531 n. s.) [1].

Même, après avoir vendu Poix et Bacouel, il en jouis-
sait encore à loyer, au moyen d'un fermier gérant, et en était
toujours regardé comme le seigneur. N'espérait-il pas en
recouvrer la propriété à brève échéance, grâce à la gymnas-
tique financière qui lui avait si bien réussi jusque-là? Sur sa
demande, François Ier, par lettres patentes[2], données à Arles,
au mois de septembre 1533, établit « en la ville et bourg de
Poix, bailliage de Victry » trois foires par an, savoir « la
vigile sainct Mathias ou moys de febvrier (23 févr.); la
seconde, le lendemain de la feste de Nostre Dame, my aoust
(16 août); la tierce, le lendemain de la feste sainct Denys en
octobre (10 octobre), » et un marché le mercredi de chaque
semaine. Cette création avait lieu « en faveur, disait le roi,
des bons et agréables services que nostre amé et féal Jehan-
François de la Rocque, chevalier, sieur de Roberval et de
Poix, portenseigne de cent hommes d'armes de nos ordonnances, — dont a la charge et conduicte nostre très cher et
amé cousin, le seigneur de Fleuranges et mareschal de
France (Robert III de la Marck), — nous a par ci-devant
faictz au faict de nos guerres et espérons qu'il fera en
l'advenir. »

1. Tous les titres de ventes et donations que nous analysons dans
cette étude sont conservés au château de Roberval.
2. Arch. nat. JJ. 246, n° 389, f° 117 v°.

Déjà antérieurement, ce prince avait montré l'estime qu'il avait pour le sieur de la Rocque, en ordonnant, par rôle ou bordereau[1], signé de sa main à Chantilly, le 15 juin 1531, de lui payer « la somme de troys cens escus, à prandre sur les deniers provenans de la vente et composition de l'office de aulneur de toilles en la ville de Rouen, vaccant par le trespas de feu Thierry Chiffes. » J.-F. de la Rocque était alors « escuier ordinaire de l'escuirie du roy. »

Michel d'Amboise lui consacra dans son Babilon une épître où il l'appelle « mon cappitaine. »

Tel était le personnage qui rêvait un brillant avenir au Canada.

III

Le 15 janvier 1540 (1541 n. s.) des lettres patentes de François Ier [2] le constituaient « lieutenant général, chef ducteur et cappitaine de la dicte entreprinse (de colonisation) ensemble de tous les navires et vaisseaulx de mer et pareillement de toutes les personnes, tant gens de guerre, de mer, que autres..... ordonnéz et qui yront en la dicte entreprinse expédition et armée, allant audict voyage. » Ces lettres reproduisent tous les considérants que nous avons déjà relevés dans les lettres données à Cartier. « En considération desquelles choses, ajoute le roi, avons advisé et délibéré de renvoyer ès dits pays de Canada et Ochelaga et autres circonjacens, mesmes en tous pays transmarins inhabités, ou non possédèz, ne dominés par aucuns princes chrestiens, aulcun bon nombre de gentilzhommes, nos subjectz, tant gens de guerre qui populent de chacun sexe et aultres libéraux et mécaniques, pour plus avant entrer ès dits pays et jusques en la terre de Saguenay et tous aultres pays susdits, affin

1. Arch. nat. J. 960, cahier 3, f° 12.
2. Arch. nat. Livre rouge. U. 754, f° 57-62. — H. HARRISSE, Bibliographie et cartographie de la Nouvelle-France. Paris, Tross, 1872, p. 243-253.

d'en iceulx converser avec les dits peuples estranges, si faire se peulx, et habiter ès dites terres et pays, y construire et édiffier, villes et forts, temples et églises pour la communication de nostre sainte foy catholique et doctrine chrestienne, constituer et establir loix de par nous, ensemble officiers de justice, pour les faire vivre par raison et police et en la crainte et amour de Dieu..... Pour à quoi parvenir, et affin de donner meilleur ordre et expédition, au fait de la dite entreprinse et à toutes choses concernant ycelle et qui en deppendent et pourroient survenir, soit besoin et nécessité depputer et constituer quelque excellent personnage de grande loyauté et intégrité envers nous, et quy soit de bon sens, vertu et apparence, pour estre chief et conducteur d'icelle entreprinse, et auquel soit par nous donné telle puissance et auctorité, ainsi que tel affaire le requiert, pour user et générallement disposer en tous cas et affaires soy offrans, ainsi que luy semblera estre plus expédient et nécessaire, comme faire le pourrions, si y estions en personne. »

C'est « pour la bonne et entière confiance qu'il a par longue expérience de la personne de son amé et féal Jehan-François de la Rocque, chevalier, sieur de Roberval, et de ses sens, suffisance, loyauté et autres bonnes vertus » que le prince l'investit de la vice-royauté. Il lui donne « plain pouvoir, puissance et auctorité et mandement especial, »

1° *Relativement au personnel de ses équipages :* « De choisir, prendre et eslire tels qui luy sembleront estre propres et ydoynes, pour le fait de la dite entreprinse et expédition d'icelle, de mettre et eslire cappitaines porte enseignes, maistres de navires, pillottes et autres gens de guerre et de maryne, et iceulx despartir de nef en nef. et les mettre, et remettre ensemble, quant bon luy semblera, — de commander et ordonner, de par le roy, à toutes les dites personnes, et ordonner et disposer de la forme de leur service, et statuer, enjoindre et commander à toutes les choses qu'il verra estre bonnes, utilles et convenables..... et par imposition et indiction de mulctes et peines tant corporelles.

civilles, que pecunyères, et tant sur la mer que en terre ferme, — et mesmes de ordonner des paiemens de leurs gaiges et souldes, et icelles augmenter ou dymynuer et les deniers, qui ont été pour ce faire, distribuer, prolonger, esgaller et faire courir, en sorte, si possible est, qu'il puisse augmenter de gens et d'équipaige; »

2° *Relativement aux approvisionnements de l'expédition :* « De faire entendre, tant par luy, ses commis et depputéz, sur la dilligence et achapt des munitions et advitaillemens, nécessaires à la dite armée, et à la réception d'iceulx, en les mettans dedans lesdits navires et vaisseaulx, et au département distribution et compte d'iceulx, à ce qu'il n'y ait aucun abbus à ce commis, et les susdites nefs et vaisseaulx, mis en appareil, esquipéz et munis de gens, vivres et artilerie et autres choses nécessaires; »

3° *Relativement à l'établissement et à l'administration de la colonie :* « De prendre mener et faire partir des ports et havres de notre royaulme, pays et seigneuries de notre subjection et de passer et rapasser, aller venir esdits pays estranges; — de descendre et entrer en iceulx et les mettre en notre main, tant par voye d'amittié, ou amyables compositions, si faire se peulx, que par force d'armes, main forte et toutes autres voyes d'hostilité, — de assaillir villes, chasteaulx forts et habitations et d'en construire et en édiffier ou faire construyre et en édifier d'aultres èsdits pays et y mettre habitateurs; — créer, constituer, establir, desmettre et destituer cappitaines, justiciers et génerallement tous autres officiers, que bon luy semblera estre nécessaires, pour l'entretènement, conqueste, et tuition desdits pays, et pour atraire les peuples d'iceulx à la congnoissance et amour de Dieu, et iceulx mettre et tenir en nostre obéissance, — de faire loix, edictz, statuts et ordonnances politiques et autres, icelles augmenter ou dymynuer, faire garder, observer, entretenir par toutes voyes et manières deues et raisonnables ou autre pugnition exemplaire; — de pardonner et remettre les meffais à ceulx qui le requerront; »

4° *Relativement à la répartition des terres et des fiefs :*
« Affin d'augmenter et accroistre le bon voulloir et couraige
et afection de ceulx qui demoureront ësdites terres, de
icelles terres qu'il pourra avoir acquises en icelluy voyage,
selon qu'il lui semblera estre convenable, utillité et prouf-
fict, bailler et de ce leur en faire bail, pour par eulx leurs
successeurs et ayans cause, les tenir, posséder et en joïr à
perpétuitté en tous droits de propriété, fonds et saisine et
estat, savoir : aux gentilzhommes et autres gens d'excelente
vertu ou industrie, en fiefs et seigneuries, rellevans et mou-
vans de nous, en en faisans au roy les foy et hommage.....
et à la charge de servir à la deffense tuition et entretènement des dits pays, et avec tel nombre de gens que les dits
fiefs et seigneuries seront chargéz par les dits baulx ; et aux
autres de moindre estat et condition, à telles charges de
redevances annuelles que ledit lieutenant advisera les terres
de leurs baulx le pouvoir porter....., desquelles charges et
et redevances annuelles, iceulx seront quittes et exempts des
six premières années, si bon semble audit lieutenant.....
excepté toutes voyes du debvoir de service pour la guerre,
deffense, entretènement et ampliation desdits pays. »

Quant aux bénéfices de l'expédition, on en devait faire
trois parts : la première pour les gentilshommes et gens de
bonne volonté, la seconde pour le vice-roi et la troisième
pour l'État. « Oultre, disait le roi, pour donner plus grand
voulloir et couraige auxdits gentilzhommes, autres que de
guerre et de mer, de nous mieulx, plus dilligemment
et loyaulment servir, voullons, promettons et consen-
tons, que au retour d'icelluy, notre dit lieutenant jà puisse
donner et départir à ceulx qui feront le dit voyage avec luy,
le tiers de tous les gaings et profficts mobiliers, provenans
du dit voyage exercité ; — et aussi en retour à luy un autre
tiers, tant pour subvenir, si bon nous semble, à partie des
fonds et mises qu'il pourra estre besoing faire pour la conti-
nuacion du dit voyage, l'espace de cinq ans prochains, que
aussi pour le récompenser aucunement de ses labeurs et

dépenses ; — et quant à l'aultre tiers, avons icelluy réservé
et réservons à nous pour estre employé, quant il nous plaira,
en plusieurs autres navigacions que avons espéré et espérons
faire, pour l'accroissement de notre saincte foy ou ailleurs. »

En prévision du négoce que certains marchands pou-
vaient être tentés de faire à leurs risques, à la suite du seigneur de Roberval, ou en s'affranchissant de lui, les deux
clauses suivantes furent ajoutées aux lettres patentes.

I « Pour ce que nous désirons ladite armée estre accom-
pagnée de plusieurs nos subjects, lesquels nous voullons prof-
fiter audit voyage et affin que les dits pays puissent plus
amplement estre descouverts, et que plus avant on puisse
entrer, faire forts, habitations et édiffices en divers lieux d'i-
ceulx, nous avons d'abondant donné et donnons tout povoir,
puissance et auctorité à notre dit lieutenant de associer avec
luy en ladite armée tous gentilzhommes, marchands et autres, de quelque estat, qualité ou condition qu'ilz soient, qui
vouldroient aller ou envoyer, audit voyage et pays, gens ou
nefs équipéz et munys, à leurs despens, et eulx joindre à la
dite armée, soubs l'obéissance de nous et de notre dit lieutenant. »

II « Et pour autant que aucuns, soubz ombre de notre
dite armée, se pourroient ingérer entrer ès voyes et destroys
conduisans èsdits pays de Canada, Ochelaga, Seguenay et
autres circonjacens, sans néantmoins eulx joindre et associer soubz l'obéissance de notre dit lieutenant, et faire certain grief mal ou moleste aux habitans desdits pays, qui
pourroient estre cause de les aliéner et distraire de la bonne
volunté et amour qu'ilz pourroient porter à nous et à nos
gens, estans entréz esdits pays, nous avons deffendu et def-
fendons à tous nos subjects de ne eulx ingérer naviguer par
les voyes et destroictz susdits, synon qu'ilz soient associéz
et joincts à notre dicte armée et soubz l'obéissance de notre
dit lieutenant, leur permettant néantmoins les autres navigacions et entrées de terres par nous non deffendues. »

Jacques Cartier n'est point nommé dans les lettres de

lieutenant général, données à J.-F. de la Rocque, et pourtant ses pouvoirs de capitaine général, maître pilote y sont, sinon totalement annulés, du moins, singulièrement diminués. On conçoit facilement le mécontentement que dut éprouver le célèbre marin, lorsqu'il connut cette sorte de désaveu : « Si par cy devant nous avyons baillé aucunes lettres ou povoir à quelque personne, contrarians à la teneur de ces dites lettres, icelles avons dès à présent, comme pour lors, révoquées et révoquons, cassons et adnullons par ces dites présentes, synon autant et pour le temps que notre dit lieutenant les vouldroit tollérer et endurer. »

Le seigneur de Roberval, par contre, est autorisé à signer et sceller les contrats de ses compagnons de voyage en qualité de vice-roi : « Et pour autant que pour l'effect dudit voyage et habitacion des dits pays sera besoing passer plusieurs lettres et contracts, nous avons en ce approuvé et aprouvons, autenticqué et autenticquons les seings et seaulx de notre dit lieutenant et d'autres officiers, en ce regard par luy commis et dépputéz. »

Les lettres patentes prévoient le cas d'absence, de maladie, voire même la mort de J.-F. de la Rocque, et lui permettant de se choisir des lieutenants et de désigner son successeur par testament : « Considérans qu'il pourroit survenir à notre dit lieutenant aucun gros inconvénient de malladie, et par advanture, la mort du susdit, qu'il sera besoing à son retour laisser ung ou plusieurs notre lieutenant ou lieutenans, voullons et entendons qu'il en puisse nommer, créer, constituer et establir ung ou plusieurs par testament ou autrement, comme bon luy semblera. »

Enfin le roi veut qu'en dehors du mandat spécial, dont il l'investit, son lieutenant ait plein pouvoir pour trancher toutes les difficultés qui viendraient à surgir : « Et par ce que ne povons avoir suffisante congnoissance desdits pays et gens estranges, pour plus avant speciffier le povoir que vouldrions, et nous plaise que les spécialitéz ci-dessus déclaréz ne puissent aucunement derroguer au povoir génóral que avons donné et donnons par ces dites présentes à notre dit lieutenant qui est de générallement disposer, faire et ordonner de toutes choses quelsconques, oppinées et inoppinées, concernant ledit voyage exercité et expédicion d'icelluy, comme il luy semblera les affaires et nécessitéz le requérir, et comme nous mesmes le ferions et faire le pourrions, si en notre personne y estions. »

Il fut bien entendu que la conquête et la colonisation ne pourraient s'étendre partout dans les régions encore libres, qu'autant « toutes foys que ce ne soient pays tenus, occupés, possédés et dominés, ou estans soubs la subjection et obéissance d'aucuns princes ou potentats, nos alliés et confédéréz, et mesmes de nos très chers et améz frères, l'empereur (Charles Quint) et le roy de Portugal. »

IV

Avec les lettres patentes qui le constituaient lieutenant général au Canada, J.-F. de la Rocque en reçut d'autres, ayant pour but de faciliter le recrutement de son personnel et ses approvisionnements. Ces lettres, également datées de Fontainebleau[1], le 15 janvier 1540 (1541 n. s.), lui permettaient « de soy pourveoir et munir de toutes choses nécessaires à la dicte armée et icelle lever ou faire lever en tous lieux, places et endroicts du royaulme, comme bon lui semblera, en paiant raisonnablement et ainsi qu'il appartient, et prendre gens de guerre ou artisans et autres de diverses conditions, pour iceulx mener avec luy audict voyaige, pourveu que ce soit de leur bon gré et volunté, et aussi pareillement vivres, victuailles, armes, artilleries, hacquebuttes, pouldres, salpestres, picques, que autres bastons, offencifs et deffencifs, et généralement de tous habillemens et autres choses servant pour l'équipaige, expédition et utillité d'icelle armée. » Elles l'autorisaient à requérir « tous artizans et

1. Arch. nat. U. 754, f° 52-53.

gens de mestiers et autres dont il auroit affaire, tous autres ouvraiges cessans, en les payant raisonnablement », à se faire délivrer semblablement toutes les marchandises qui lui seraient nécessaires « à prendre ou faire prendre et eslire tel nombre et quantité de nefs, navires, vaisseaulx et mariniers » qu'il trouvera bon, sans que « aucun aultre ne les puisse soubstraire, enchérir, ou s'en ayder en quelque sorte ou manière que ce soit, sur peine de pugnition. »

Le 6 février, J.-F. de la Rocque prêta le serment d'usage entre les mains du cardinal de Tournon, grand chancelier[1].

Le 7, de nouvelles lettres patentes[2], toujours datées de Fontainebleau, mandaient « aux présidents et conzeillers, les gens tenant les courts de parlemens de Paris, Thoulouse, Bordeaulx, Rouen et Digeon et à tous baillifs, seneschaulx, prévostz et autres justiciers, estans soubz leurs requestes et jurisdictions, ou à leurs lieulxtenans généraulx et particuliers, » de fournir au seigneur de Roberval des prisonniers pour ses équipages. Si d'une part il était à craindre que l'enthousiasme du lieutenant général ne restât sans écho auprès des gentilshommes de France, d'autre part, on pensa, non sans raison, que ce pouvait être une œuvre utile et méritoire de rendre possible aux criminels une sorte de réhabilitation. Le roi d'ailleurs pressait le départ et voulait qu'il eut lieu « dedans le quinzeyesme d'apvril, prochain venant, au plus tard, si faire ce peult. »

Voici à quelles conditions, les prisonniers étaient admis à faire le voyage du Canada : « Voulans, dit le roi, user de miséricorde, faire œuvre pietoyable et méritoire envers aucuns criminelz et malfaicteurs, ad ce qu'ilz puissent recongnoistre le Créateur, luy en rendre grâce et amender leur vie, avons advisé de faire bailler et délivrer à nostre dict lieutenant, ses commis et députéz, jusques à tel nombre

1. Arch. nat. U. 754, f° 62. — HARRISSE. Ibid., p. 253.
2. Arch. nat. U. 754, f° 53 v°-57. — HARRISSE. Ibid., p. 258-264.

3

que advisera, desdicts criminels et malfaicteurs détenus ès
prisons et conciergeries... desquels toutesfoys les procès
auroient jà esté faictz et parfaictz et les jugemens de
mort sur ce donnéz... — et pour ce que de notre dict
royaulme, pays et seigneuries, se pourroient trouver aucuns
banniz, fugitifz et aultres malfaicteurs qui se seroient absen-
téz, avons donné et donnons à notre dict lieutenant plain
povoir et auctorité d'iceulx prendre et recepvoir... à la
charge toutesfois que tous les dictz criminels seront tenuz
fournir aulx fraiz et despence de leurs vivres et aultres
choses à eulx nécessaires, les deux premières années, et du
nauliage des nefs qui les porteront èsdictz pays transmarins
et marytimes, mesmes pour les faire mener en seureté
jusque aulx ports et lieux desquels notre dicte armée partira
et desquelz frais et despense, iceulx criminels pourront
traicter et composer avec notre dict lieutenant ou ses
commis et depputéz... Attendu que le temps est brief du
partement de notre dicte armée, pourront lesdictz prisonniers et malfaicteurs employer leurs parens et amys pour
les secourir et ayder plus promptement à fournir et acomplir
ce que dessus, leur remonstrans la miséricorde de laquelle
usons, commuans les peines de mort en voyage honneste et
salutaire, à la charge que, où les dictz prisonniers s'en
retourneroient dudict voyage sans permission expresse de
nous, ilz seront exécutéz, en la place en laquelle ilz auroient
esté condampnéz, incontynent et sans espérance de grâce. »

Ayant reçu ces lettres, J.-F. de la Rocque se hâta de
donner à trois personnes, investies de sa confiance, de pleins
pouvoirs, pour l'aider dans ses préparatifs et lui recruter des
prisonniers. Le dimanche 27 février 1540 (1541 n. s.), par
procuration dressée au Châtelet de Paris[1], il chargea son
beau-frère Guillaume de Magdaillan, seigneur de Montataire,
porteur du guidon de la Compagnie du seigneur de Jamets,
« de soy transporter par devers et devant tous présidens, con-

---

1. Original au château de Roberval.

seilliers et autres juges des Parlemens et cours souveraines de Paris et Dijon et ressortz d'iceulx et par devant tous baillifs, séneschaulx et prévostz et autres justiciers et officiers, ... pour demander lever, prandre, tirer et metre hors des prisons les prisonniers qui seront choisiz et esleuz par vertu des lettres patentes, du consentement d'iceulx prisonniers... et aussi de prandre, recepvoir les fugitifz et banniz... traicter, chevir (s'arranger) et composer avec les dicts prisonniers, fugitifz et banniz de leur despence, naulaige, conduicte et autres choses à eulx nécessaires pour l'espace de deux ans, selon le pris, tel qu'il verra estre raisonnable eu esgard à la qualité et gravité desdictz criminels, banniz et fugitifz. »

Une autre procuration entièrement semblable[1] fut le même jour rédigée pour Paul d'Auxilhon, seigneur de Senneterre en la sénéchaussée de Carcassonne, qui reçut la mission d'agir de la même manière « dans les ressorts de la dicte sénéchaussée de Carcassonne, Castres, justices et jurisdictions de Béziers, Narbonne, Alby, Lymous, Allet et païs de Sault. »

Le vendredi 11 mars, le seigneur de Roberval en fit préparer une troisième à Rouen[2] par Nicolas Daubet et Claude Lucas, tabellions jurés, pour Alonce de Cyville, sieur de Saint-Martin-aux-Buneaux, qui devait enrôler des prisonniers dans le ressort du Parlement de Rouen. Aux termes de ces procurations, tous les prisonniers devaient être rendus soit à Paris ou à Rouen, « dedans le derrain jour du mois de mars, » soit « ès prisons de la ville de Saint-Malo en Bretagne, dedans le dixiesme jour du mois d'avril, prochain venant. » Mais la justice procède toujours avec lenteur ; elle s'arrête à la moindre omission, au plus petit vice de forme. Partout on refusa de délivrer les prisonniers, avant que les sentences de condamnations, rendues contre eux, n'eussent été confirmées par arrêts. Des lettres paten-

1. Arch. nat. U. 754, f° 65. — HARRISSE. Ibid., p. 254-258.
2. Arch. nat. U. f° 66-68.

tes devinrent encore nécessaires pour abréger ces formalités. Les Parlements de Paris, Toulouse, Bordeaux, Dijon et Rouen, les sénéchaussées de Lyon, Toulouse, Poitou et la prévoté de Paris en reçurent de très explicites, datées de Blois, le 9 mars 1540 (1541 n. s.)[1]. Il y est déclaré qu'en acquiesçant aux sentences de mort, contre eux respectivement données, les criminels devenaient immédiatement admissibles à l'armée du Canada. Les enrôlements se firent-ils plus vite ? Il est permis d'en douter.

Vraisemblablement, les criminels eux-mêmes hésitèrent à affronter les périls de la mer pour obtenir leur grâce, ou ne trouvèrent pas facilement de quoi payer leur embarquement. Et en effet, dans l'accusé de réception[2] donné « l'an 1541, le mercredi vingtiésme jours d'apvril, après Pasques, » à son beau-frère Guillaume de Magdaillan, des lettres patentes du 7 février et de la procuration du 27 du même mois, le seigneur de Roberval relate le fait suivant : « le dit de Magdaillan a déclaré et affermé par serment, présens lesdits notaires (Payen et Cronne) n'avoir tiré aucuns prisonniers des juridictions susdites de la condition et qualité déclarée ès-lettres patentes du roy, fors tant seulement ung nommé Jehan Grevyn, condampné à estre pendu et estranglé par le bailly d'Authun, ou son lieutenant, confirmé par arrest de la court de Parlement à Dijon, qu'ilz auroient fait amener prisonnier ès prisons de la conciergerie du pallais à Paris qu'il conviendra renvoyer pour exécuter, à faulte d'avoir satisfaict à son nauliaige. » Et pourtant Guillaume de Magdaillan et Jean Coiffart, avocat au Parlement de Paris, avaient vaqué au recrutement des prisonniers pendant six semaines et dépensé à la visite des prisons « cent six escus d'or sol, sans leur sallaires qui leur sont deubz. »

Remarquons la qualité que prend désormais partout le seigneur de Roberval. Il s'intitule « lieutenant-général pour

1. Arch. nat. U. 754, f° 64-66.
2. Original au château de Roberval, au revers de la procuration du 27 février 1541.

le roy en certaine armée, ordonnée ·stre faicte et conduicte,
ceste présente année, pour l'acroissement de notre saincte
foy chrestienne, en divers pays transmarins et maritimes,
non posseddéz, occupéz et donnézpar aucuns princes chrestiens, tant en Canada, Ochelaga, Saguenay que autres. »

L'entreprise dont il avait pris la direction était hérissée
de difficultés, nous l'avons déjà vu. Avec de grands capi-
taux, il était possible d'en assurer le succès. Malheureuse-
ment pour Jean-François de la Rocque, bien qu'il menât
un train de grand seigneur, ses ressources étaient plus
que modestes. Le roi lui fit, il est vrai, compter 45,000 livres
par Jean du Val, trésorier de son épargne[1]. Cartier en
employa les deux tiers à l'armement de cinq navires qu'il
eut bientôt rassemblés dans le port de Saint-Malo.

· Le seigneur de Roberval rêvait une véritable flotte.
Un grand luxe lui semblait nécessaire. Il essaya donc de se
procurer d'autres navires, ainsi que des pièces de canon.
Mais, quand il s'agissait de payer, sa bourse se trouvait
vide. Il eut plus que jamais recours à l'emprunt. Ce fut sa
ruine définitive. S'il compta sur la générosité de ses admi-
rateurs et sur l'enthousiasme des marins, cruelle fut sa dé-
ception, quand il vit le peu d'empressement qu'on mettait
à le seconder. La jalousie et la défiance s'étaient d'ailleurs
liguées contre lui. Sa situation financière acheva de le
discréditer. Tandis que Cartier avait réussi en quelquejours
à équiper cinq navires, ceux que souhaitait avoir le seigneur de Roberval semblaient introuvables. Proposait-il un
affrètement, on hésitait à lui livrer des navires, sans autre
garantie que sa parole. Voulait-il acheter, on ne manquait
pas de lui poser de dures conditions pour le payement.

Tous les expédients auxquels il eut recours lui devinrent
funestes. Alonce de Cyville, seigneur de Saint-Martin,
demeurant en la ville de Rouen sur la paroisse Saint-Etienne

---

1. Sa commission fut insérée sur l'état ordinaire des guerres à la
Chambre des Comptes de Paris, en date du 15 janvier 1540 (1541 n. s.)

des Tonneliers, fut son prêteur attitré. Lui a-t-il toujours rendu de bons services ? On se pose la question. Deux autres prêteurs, aussi compromettants, furent Nicolle ou Nicolas Coiffart et son fils Jean, tous deux avocats au Parlement à Paris. Leur complaisante habileté ne contribua pas peu à creuser le gouffre, dans lequel vint s'engloutir la fortune du vice-roi du Canada. C'est dans les divers contrats, passés par Jean-François de la Rocque, pendant l'été de l'année 1541, qu'il faut voir les tribulations dont il fut alors assailli. Son départ était fixé au 15 avril.

Le 10 de ce mois, tous les prisonniers, dont il voulait faire des rameurs et ensuite des colons, devaient être rendus à Saint-Malo. Mais il n'avait pas su encore trouver de vaisseau à louer. C'est seulement le 8 mai, que, de concert avec Jacques Cartier, il affréta à Saint-Malo « une nef nommée la Marye, autrement dicte la Lechefraye, du port de quatre vingtz à cent tonneaulx. » Les bourgeois ou propriétaires de ce navire étaient Pierre Guehemenc et Jean Peppin, chacun pour un quart, et Jean Eberard l'aîné, représenté par son frère Guillaume, pour la moitié. La charte-partie, relative au naulage, portait que le batiment serait livré avec ses victuailles, agrès, apparaux, câbles et voiles. En outre, il devait être approvisionné de 40 poises, sans doute 40 minots, c'est-à-dire environ 2.000 kilogrammes de sel, en vertu d'une « permission donnée par le roy au dit seigneur de Roberval, pour aller à la pesche des morues. » A-t-on épouvanté les fréteurs, en leur représentant les dangers qu'allait courir leur navire ? Cela paraît plus que probable, quand on observe qu'au mois d'août la Marye se trouvait encore dans le port de Honfleur. Le roi se plaignit des lenteurs des préparatifs. C'est lui qui avait demandé de fixer le départ à la mi-avril. Jacques Cartier, sur l'ordre du seigneur de Roberval, partit à l'avance. Le 23 mai 1541, ses cinq navires levaient l'ancre. Le vice-roi du Canada bouillait d'impatience. A tout prix il voulut se rendre maître de la Marye. Ses négociations ne devaient aboutir qu'à moitié et à force d'adresse. Le bâtiment nous venons de le dire, était à trois bourgeois ou propriétaires. L'un d'eux possédant, lui seul, la moitié du navire, resta longtemps sourd à toutes les propositions qui lui furent faites. Les deux autres se montrèrent plus accommodants. C'étaient Piere Guehemenc et Jean Peppin.

Le 17 juin, ils cédèrent leur part de la Maryè, avec la moitié des agrès et la moitié du sel acheté en vue de la pêche. Une portion de ce sel avait été mise en dépôt « en une seulle ou cellier appartenant à maistre Jacques Naguet, presbtre, curé de Bretheville, » à qui on en devait payer la location. La vente fut consentie, moyennant 2.700 livres tournois, pour la totalité du vaisseau, des agrés et du sel. Alonce de Cyville s'engagea à payer un tiers de la somme, au 17 septembre, et le reste à Noël. Il fut convenu que si Jean Eberard se refusait absolument à aliéner sa moitié, on s'en tiendrait, à son égard, au contrat du 8 mai, et Alonce de Cyville n'aurait dans ce cas à payer que la moitié du prix fixé. Cette dernière clause était aussi désagréable pour les vendeurs que pour l'acheteur. Mais Jean Eberard ne semblait pas devoir céder sa part de sitôt. Le contrat fut rédigé avec ces conditions restrictives, devant Raoulin le Gracieux et Etienne Lelou, notaires à Honfleur, en présence de Pierre de Bidoux, seigneur de la Tige, François Crosnyer, de Saint-Malo, et Jean le Breton, marchand à Paris.

Deux jours après cette acquisition, le 19 juin, Jean-François de la Rocque passait un nouveau contrat avec « Symon Harel, maistre de la nef, nommée la Vallentyne, du port de quatre vingtz douze tonneaulx, demourant à Jumyèges, et Jehan Mallet, maistre d'une nef, nommée la Saincte-Anne, du port de quatre vingtz tonneaulx, demourant le dit maistre, au Mesnil soubz l'Isle-bonne, pour le voyage de Canada et Saguenay ou ailleurs. » Le naulage fut arrêté aux conditions suivantes : 1° « Les dits maistres auront de fret, suivant l'ordonnance du seigneur de Fosseulx, lieutenaut pour le roy en sa marine de France, qua-

rante solz pour tonneau de fret, chacun moys, sur quoy
avance leur sera faicte, à chacun d'eulx, avant le partement,
de troys moys de leur fraict; ce qui se montera audict Harel,
pour les dits troys moys, cinq cens cinquante-deux livres, et
audit Mallet, pour les dits troys moys de fret, à raison de
quatre vingtz tonneaulx, quatre cens quatre vingts livres
tournois, et le surplus qu'ilz pourront estre avec ledit navire,
au service dudit seigneur de Roberval, leur sera payé au
retour du voyage, pour autant de temps qu'ils auront servy. »
2° Alonce de Cyville s'engageait à effectuer ces payements,
au nom du seigneur de Roberval, en la ville de Rouen, « un
moys après l'armement des dits navires, soit à Honnefleu, le
Havre-de-Grâce· ou autre lieu du pays de France. » 3° En
outre Harel et Mallet devaient recevoir chacun « trente
escus solleil, pour aller, jusque le long de la rivière de
Saine, illec assembler et asseurer jucques au nombre de quatorze marynyers chacun, eulx comprins avec. » 4° Quant
aux appointements des gens de l'équipage, on devait payer
« à chacun maistre, par moys, vingt-deux livres dix solz; au
contre-maistre unze livres cinq solz tourn.; au maistre varlet,
sept livres dix solz; au charpentier sept livres dix solz; et
le reste de l'équipage chacun cent solz tourn. par moys,
dont avance sera faicte de troys moys. » Il était bien
entendu d'ailleurs, que « sy aucuns des dits maistres ne
povoient recouvrer chacun les dits quatorze hommes marynyers, seront tenus rendre au dit seigneur de Roberval, ce
qu'il demeurera d'argent d'avance des dictes sommes,
à eulx avancéz, pour recouvrer d'autres marynyers. » 5° Enfin il fut accordé que « après le congié, donné ausdits maistres et marynyers par le seigneur de Roberval à la coste de
Terres-Neuves, ilz auront le tiers de tout ce qu'ilz pourront conquester par traphique de marchandizes avec les
sauvages de la dicte terre, pour dudit tiers faire leur prouffit,
sans ce que pour ce leur soit faict aucun rabaiz de leurs
loyers et affrectements, pourveu qu'ilz ne feront retarde-
ment, pour les dits trafficques, que quinze jours ou trois

semaines après le congié à eulx donné, et sera tenu le dit
seigneur bailler vivres, à leur partement des dites terres
estranges, ausdits maistres marynyers et esquippages, pour
leur en retourner jucquez en Normandie. »

La charte-partie, renfermant toutes ces conventions, fut
dressée par devant Raoulin le Gracieux et Jacques Guéroult,
notaires à Honfleur, en présence de Martin Chambon, com-
missaire de l'artillerie du roi en sa marine de France, et
Estienne Lelou, bourgeois, tous deux demeurant à Honfleur.

Tous ces arrangements pris, il n'y avait plus qu'à se
mettre en route, ce semble; mais ce voyage de long cours,
au profit d'un grand seigneur, souriait peu à ces pilotes,
habitués à courir la mer, pour leur propre compte. D'autre
part les propriétaires n'étaient pas sans appréhensions pour
leurs navires. On ne se fiait pas aux promesses du seigneur
de Roberval. La Valentine attendit à côté de la Marye, dans
le port de Honfleur. Pour en finir, le seigneur de Roberval
la fit acheter par Alonce de Cyville. Simon Harel, maître
et bourgeois ou propriétaire du navire pour un quart,
Pierre le Cordier et Philippe Levesque, propriétaires chacun
d'un autre quart, Robert Convart, demeurant à Rouen,
paroisse Saint-Vincent, et Pierre Tuterel, demeurant à
Sainte-Croix de Saint-Ouen de Rouen, également propriétaires chacun pour un demi-quart, consentirent à la vente
de leur bâtiment avec tous ses agrès, apparaux, victuailles,
etc.,etc., moyennant 4.500 livres tournois, à payer par moitié
le 1er mars 1542 et le 1er mai suivant. Alonce de Cyville
leur accorda en outre 300 écus d'indemnité, au nom du
seigneur de Roberval, « pour l'arrest et empeschement que
ledit seigneur de Roberval avoit mys, précédent ce jour en
la dicte nef. » Il leur donna 200 écus comptants et promit de
solder le reste au 1er mars. Jean Mallet, maître de navire,
demeurant au Mesnil sous l'Isle-Bonne et Etienne Ganiare,
demeurant à Roncheville, furent témoins du contrat qui fut
passé à Honfleur, le 14 août 1541, devant les notaires Raou-

lin le Gracieux et Etienne Lelou. De la Sainte-Anne qui avait pour maître Jean Mallet, il n'est plus fait aucune mention.

Jusque là Jean Eberard n'avait répondu à aucune des avances qui lui furent faites relativement à la Marye. Le 22 août, pourtant, il se décida à donner son adhésion à l'acte de vente du 17 juin. Toutefois les garanties, acceptées par les autres vendeurs, ne lui semblèrent pas suffisantes. Il voulut, à défaut de payement par le sieur de Cyville, avoir un recours contre le seigneur de Roberval et le capitaine Jacques Cartier, avec faculté « de se retirer aux premiers obligéz ou contractz faicts à Sainct Mallo, concernant le noléage du dict navire. »

Cartier, pendant ce temps, gagnait Terre-Neuve. Après avoir renouvelé ses provisions au havre de Carpont, il se remit en marche pour le havre de Sainte-Croix près de Stadaconé, autrement dit Québec, où il arriva le 23 août. En attendant le seigneur de Roberval, il construisit non loin de là un fort qu'il nomma Charlesbourg royal, visita les sauts du Saint-Laurent et reprit ses explorations dans le voisinage.

Jean-François de la Rocque avait éprouvé plus d'un déboire pour se procurer des vaisseaux. Il fut plus malheureux encore dans la question d'argent. Pour se libérer de 2.000 livres qu'il avait empruntées à Jean Coiffart, il avait dû, le 22 juin, lui vendre devant Raoulin le Gracieux et Jacques Guéroult, moyennant une égale somme de 2.000 livres tourn., la terre et seigneurie de Bacouel-lès-Rhuis, mouvante en plein fief du seigneur du Grand Puissieux, près Verberie, au duché de Valois; un vieux manoir seigneurial en ruine, un clos de vignes de quatre arpents; 50 arpents de larris, servant de garenne; 60 livres parisis de surcens; 12 livres parisis de rente sur la seigneurie de Rhuis; 4 l. 10 sols tourn. de rente sur la maison nommée le Pressoir à Rhuis, trente têtes de volailles de cens, le tout payable à la Saint-Martin d'hiver; la faculté de repren-

dre en retrait féodal 22 arpents de terre, donnés à rente à
Bertaut Tirlet, en remboursant pour ces 22 arpents le prix
d'achat, 240 livres. En même temps, il lui céda le moulin
d'Empréé sur le rû de Rouenne, au-dessous de Bacouel,
moyennant 12.000 livres, sur lesquelles il reçut 900 livres
comptants. Coiffart promit de payer le reste, c'est-à-dire
300 livres, au nom du seigneur de Roberval, à frère Jean
de la Rocque, prieur de Cherbourg.

Le premier juillet, Jean-François de la Rocque se trouvait
de nouveau débiteur de 300 livres, envers Jean Coiffart, et le
besoin d'argent se faisait encore *impérieusement* sentir.
Nicolle Coiffart, père de Jean, lui fit alors remettre 900
livres par Pierre Chérel, son serviteur, qu'il envoya tout
exprès à Honfleur. En échange de ces 1.200 livres, J.-F. de
la Rocque prit à sa charge une rente de 100 livres tournois,
due par Nicolle Coiffart à maître Guillaume de Longue-Joc,
rapporteur en la Chancellerie, et s'engagea à en faire le rem-
boursement s'élevant à 1.200 livres, en l'espace de dix-huit
mois. Pour calmer les inquiétudes d'Alonce de Cyville qui
jusque là ne se lassait point de lui prêter des fonds, il lui
fallut, le 30 août suivant, souscrire en sa faveur une reconnaissance de 22.154 liv. 11 sols, 7 deniers, devant le Gra-
cieulx et Lelou, notaires à Honfleur. De pareils expédients
dissimulaient mal le désastre de ses finances.

VI

Revenons à ses préparatifs de départ. Au mois de juin
1541, on lui envoya[1] « de la seneschaucée de Lyonnois ung
nommé Guillaume Fournier, naguères prisonnier à Lyon, et
mis en ses mains, soubs la caution et seureté de Claude
Archambault, marchant et bourgeois dudict Lyon, » sui-

1. Reçu original, signé par J. F. de la Rocque, aux archives du
château de Roberval. Nous donnons le *fac-simile* de la signature.

vant l'attestation de maître Jean Perrochon, solliciteur et substitut de maître Jean Coiffart, avocat au Parlement à Paris.

Guillaume Fournier devait, par acte authentique, donner la preuve de sa délivrance et de son cautionnement, soit au seigneur de Roberval, soit à Alonce de Cyville, avant la mi-juillet. Ainsi agissait-on avec tous les prisonniers; mais hélas! le recrutement se faisait toujours bien lentement.

2. [2]

SIGNATURE DE J.-F. DE LA ROCQUE
SEIGNEUR DE ROBERVAL
AU BAS DE L'ACTE DE 1541, RELATIF A FOURNIER.

A la date du 10 juillet 1541, une lettre du chancelier Poyet, conservée dans les archives du Parlement de Rouen faisait savoir « que le roy, trouvoit bien estrange que ledit Roberval n'estoit encor parti. » Le 14 août, nous ne l'avons pas oublié, J.-F. de la Rocque se rendait acquéreur de la Valentine. Le 18 du même mois, dans une lettre datée de Honfleur, en réponse à celle du chancelier Poyet, il annonçait son départ dans quatre jours.

Il n'est assurément pas parti le 22 août. Quatre documents le prouvent. C'est le 22 août seulement, qu'il conclut un arrangement définitif au sujet de la Marye. Le 30 août, il traita à Honfleur avec Alonce de Cyville. Le jour de Noël suivant, se passa sur l'un de ses vaisseaux, nommé Cannc, stationnant dans la rade de Landeneur, un petit drame que

nous allons raconter[1]. Paul d'Auxilhon, capitaine de ce navire, venait de recevoir de lui l'ordre de ne laisser descendre
personne à terre, afin de rendre impossible toute désertion.
Cette consigne fit murmurer le contre-maître Guillaume
Roque. Plusieurs matelots, excités par lui, se récrièrent.
L'un d'eux, Laurent Barbot, saisit son poignard et en menaça
le capitaine en lui disant: Par le sang Dieu, vous ne tuerez
pas les gens. « Pour à quoi obvier et éviter l'éminent péril
de mort, auquel estoit, Paoul d'Auxillon mist aussitost la
main au pongnart, pour bailler un coup à l'estomac dudict
Barbot, de quoy mourust. » Un grand tumulte alors s'éleva
sur le navire et deux autres mariniers périrent dans la ba-
garre. Le capitaine eut, pour ce fait, besoin de lettres de
rémission, conformément à « la coustume générale de France
qui est telle que, en quelque légitime deffense que ce soit,
que tel cas advient, le roy est requis de donner pardon et
abolucion pour la conservation des prérogatives de droict. »
Le seigneur de Roberval auquel il s'adressa, fit droit à sa
requête, « eu esgard que le suppliant avoit faict ce, en fer-
veur et bon service du roy, et pour éviter l'éminent péril
auquel il se voyoit, pour l'agression et rébellion susdites. » Il
ne lui délivra cependant ses lettres de rémission, que le 9
septembre 1542, après son débarquement au Canada ou
Nouvelle-France, au fort de Françoys-Roy, bâti par Cartier,
qui l'avait appelé Charlesbourg-royal; mais il a soin de
nous apprendre que le fait avait eu lieu l'année précédente,
au jour de Noël, « nous estans en France, dit-il, pour amasser
nostre armée. »

Le 1er mars 1541 (1542 n. s.) J.-F. de la Rocque se présenta
au Parlement de Rouen, afin de réclamer certains criminels
qui devaient faire partie de l'expédition. Il ne put donc
mettre à la voile qu'au printemps de l'année 1542.

Quels vaisseaux composaient sa flotille ? Nous venons de
voir qu'il en avait acheté deux; la Marye et la Valentine. La

---

1. Voir les lettres de rémission accordées à Paul d'Auxilhon, le
9 septembre 1542.

Sainte-Anne, qu'il avait affrétée le 19 juin 1541, lui a-t-elle été livrée, après être passée des mains de Jean Mallet en celles d'un autre pilote? Aucun document n'est venu nous renseigner à ce sujet. Mais par contre, nous savons que le roi lui donna un navire, appelé le Gallion, et qu'un autre navire, nommé Canne, attendit son départ dans la rade de Landeneur. Combien de personnes le seigneur de Roberval emmena-t-il? On croit qu'il prit avec lui 200 colons, hommes, femmes et enfants. Son chef pilote fut Jean Alfonse, dit le Saintongeois, son lieutenant Auxilhon de Senneterre et son enseigne, de l'Epiney. Parmi les personnes de qualité qui l'accompagnèrent, figurent le capitaine Guinecourt, Noirefontaine, Dieulamont, Frète, la Brosse, Francis de Mire, la Salle et Royèze. Son voyage débuta mal. Parti de la Rochelle, le 16 avril 1542, il dut s'arrêter, le même jour, en face de Chef de Boye. Un instant favorables, les vents devinrent contraires et le rejetèrent sur les côtes de France. Il lui fallut relâcher à Belle-Isle, non loin de l'embouchure de la Loire, et y séjourner longtemps. Le 8 juin seulement, il entrait dans la rade de Saint-Jean à Terre-Neuve. Il y trouva 17 navires de pêcheurs. Pendant qu'il s'y approvisionnait d'eau, il vit arriver du Canada Jacques Cartier, fatigué, ennuyé du rôle qu'on lui faisait jouer. En vain essaya-t-il de le retenir. Le pilote général, qui aurait souhaité garder pour lui seul toute la gloire des découvertes au Nouveau-Monde, partait subitement, la nuit suivante, et se trouvait de retour à Saint-Malo, à la mi-septembre. Le seigneur de Roberval poursuivit sa route vers le Canada, à la fin de juin, passa devant l'île d'Anticosti ou de l'Assomption, remonta le Saint-Laurent et débarqua, à la fin de juillet 1542, au fort qu'avait élevé Jacques Cartier, à quelque distance de Stadaconé, sous le nom de Charlesbourg-Royal, nom qu'il échangea contre celui de Françoys-Roy.

Ce fort avec ses deux tourelles sont non seulement indiqués, mais dessinés sur *la Mappemonde, dite de Henri II*, qu'un prêtre, Pierre Desceliers dressa à Arcques en 1546.

Toutes les découvertes, alors faites dans l'Amérique du
Nord, sont relatées sur cette curieuse Mappemonde[1], qu'en-
jolivent des illustrations pleines d'intérêt. Le fleuve Saint-
Laurent, avec ses nombreux affluents, y est très reconnais-
sable. Sur la rive droite du Saguenay, tout près de la for-
teresse de *Franciroy* (Françoys-Roy), est représenté un
gentilhomme dans l'attitude du commandement. Pour nous
éviter la peine de chercher son nom, la carte le désigne.
C'est *Monseigneur de Roberval*. Ce seigneur paraît passer en
revue ses hommes, armés de piques et de mousquets,
massés en carré devant lui, et leur donner ses instructions.
A quelque distance de là, au milieu d'une forêt de peupliers
ou de sapins, un vieillard à barbe vénérable rend la justice
à des sauvages. C'est sans doute le successeur de Donnaconna. D'autres sauvages sont occupés à la chasse du san-
glier et de l'ours. Nous sommes au pays de Saguenay, non
loin d'Ochelaga, dans les domaines du vice-roi du Canada.

C'est là que s'installèrent, en juillet 1542, J.-F. de la
Rocque et ses colons. Ce sol vierge offrait de grandes
ressources ; il s'agissait d'en tirer parti.

1. Cette mappemonde a été publiée par Jomard, dans ses *Monu-
ments de la Géographie* (Paris, in-fol. 1854), d'après l'original appartenant aujourd'hui à Lord Crawford et de Balcarras. Les noms y sont
inscrits et les figures dessinées en tous sens ; c'est pourquoi l'extrait
que nous en donnons présente le Nord au bas de la Carte.

Pierre Desceliers dessina encore, vers 1550, une autre mappemonde, aujourd'hui conservée au British Museum. Sur l'emplacement
du Canada, se lit ce texte explicatif : « C'est la démonstration d'aulcuns
pays découvertz puisnéz, pour et aux despens du très chrestien Roy de
France, Françoy, premier de ce nom. L'uns, nommé Canada, Ochelaga et Sagné, assis vers les parties occidentales, environ par les cinquante degréz de latitude. A iceulx pays a esté envoyé (par le dict
Roy) honneste et ingénieux gentil home, mons. de Roberval, avec
grande compaignie, les gentz d'esprit, tant gentilz homes, comme aultres,
et avec iceulx grande compaignye de gens criminels, desgradés, pour
habiter le pays ; lequel avoit esté premièrement descouvert par Jacques
Cartier, demeurant à Sainct-Malo. Et pour ce que ilz n'a esté possible
(avec les gentz du dict pays) faire trafique, à raison de leur austérité,
intempérance du dict pays et petit profit, sont retournéz en France,
espérant y retourner, quand il plaira à Dieu. »

Au mois d'août et au commencement de septembre, chacun s'adonna au travail qu'il était capable de faire[1]. Mais déjà les provisions apportées de France, commençaient à s'épuiser. J.-F. de la Rocque sentit le besoin de recourir à la mère-patrie. Aussi n'hésita-t-il pas à renvoyer en France son lieutenant Auxilhon de Senneterre, avec mission de rendre compte au roi de l'issue de son voyage et réclamer des vivres. Le 9 septembre, il lui délivra les lettres de rémission, dont il avait besoin à cause du meurtre de Barbot, en la rade de Landeneur. Senneterre partit le 14 septembre, avec deux navires dont l'un eut pour capitaine. de Guinecourt. François Ier lui témoigna une grande bienveillance, examina les diamants qu'il lui apportait du Canada, écouta son récit avec intérêt et commanda de pourvoir immédiatement aux approvisionnements demandés. Vers la fin de janvier, tout était prêt. Deux navires à l'ancre près de la côte de Bretagne furent chargés du transport. Auxilhon de Senneterre en eut la direction. Par lettres datées de Saint-Laurent, le 26 janvier 1542 (1543 n. s.)[2], le roi lui annonçait qu'il s'en remettait pleinement à lui pour cette conduite, parce qu'il connaissait « son bon sens, expérience, suffisance, dilligence, » dont un premier voyage venait d'ailleurs de fournir la preuve.

Combien de temps les deux navires mirent-ils pour arriver au Canada? Nous n'avons pu le savoir. Toujours est-il que l'hiver fut pénible pour la colonie. Cinquante personnes périrent du scorbut. La famine elle-même vint ajouter aux difficultés de la situation. La terre s'était montrée d'une grande fertilité, mais on avait négligé de la cultiver. Le 6 juin 1543, J.-F. de la Rocque quitta le fort de Françoys-Roy, dont il confia la garde à son nouveau lieutenant, le sieur de Royèze, et partit avec huit barques et soixante-dix per-

---

1. Voir Lescarbot. Hist. de la Nouvelle-France, Paris, A. Perier, 1618, in-8°; Ferland. Cours d'histoire du Canada, 2e édit., Québec, Hardy, 1882, 2 vol. in-8°; Hakluyt. Fragment de la relation du voyage de Roberval, dans ses *Collections de voyages.*

2. Harrisse. Bibliogr. et Cartogr., p. 272.

sonnes pour le Saguenay, à la recherche de grains, propres à
l'alimentation. Le 14 juin, de l'Epiney, la Brosse, Frette, Lon-
guoval et quelques autres étaient déjà de retour. Une barque
s'était perdue avec huit hommes, parmi lesquels étaient de
Noirefontaine et le Vasseur de Coustance. Le 19 juin, revin-
rent à leur tour de Villeneuve, Talbot et trois autres, rap-
portant 60 livres de blé. Le seigneur de Roberval ne put se
procurer au Saguenay que 120 livres de grains, bien qu'il se
fût avancé jusqu'à Ochelaga.

Pendant ce temps, dit Hakluyt, Jean Alfonse, le Saintongeois, pilote très expert, allait, sur son ordre, vers le
Labrador, afin de trouver un passage aux Indes Orientales,
mais n'ayant pas réussi dans son dessein à cause de la glace,
il fut obligé de retourner avec le seul avantage d'avoir
découvert le passage qui est entre l'île de Terre-Neuve et la
grande terre du Nord.

On a dit aussi, sur la foi de Lescarbot, qu'à son retour,
en septembre, J.-F. de la Roque trouva des lettres de François Ier, le rappelant en France, et que ces ordres lui étaient
apportés par Jacques Cartier. Les documents officiels contre-
disent cette affirmation. Le 11 septembre 1543, le seigneur
de Roberval confiait à Paul d'Auxilhon, — auquel il donnait
une procuration spéciale[1] à ce sujet, — le soin de se rendre
à la Rochelle ou ailleurs, pour y rechercher les deux navires
qu'il y avait ramenés un an auparavant, l'un appelé le Gallion,
appartenant au roi et l'autre nommé Canne, propriété du
vice-roi de Canada, les faire désarmer et mettre en service,
voire même vendre ou engager le vaisseau appelé Canne avec
tous ses agrés et son artillerie, distribuer les deniers de la
vente « aux gentilshommes, gens d'armes et de mer, » rentrés
avec lui en France, et donner leur congé par écrit à ces gentilshommes, soldats et mariniers.

François Ier a-t-il prêté une oreille trop complaisante à
des rapports désobligeants que lui aurait faits Cartier, sur le

---

1. HARRISSE. Bibliogr., p. 276.

4

compte du seigneur de Roberval? A-t-il fait alors signifier son mécontentement au vice-roi du Canada et chargé Cartier d'aller chercher et ramener en France les survivants de cette malheureuse expédition? Lescarbot et après lui Ferland l'affirment. Suivant eux, Cartier, arrivé au Canada vers l'automne de l'année 1543, aurait hiverné et n'en serait reparti qu'à la fin d'avril ou au commencement de mai 1544. Ce qui est certain, c'est que Cartier, comme le seigneur de Roberval, n'étaient plus au Canada, au commencement d'avril 1544. Car alors fut agitée entre eux la question des comptes de l'expédition. Cartier n'accepta pas que l'affaire fut traitée à l'amiable. Il demanda des vérificateurs jurés. François Ier, accédant à ses désirs, institua, par une ordonnance, datée d'Evreux[1] le 3 avril 1543 (1544 n. s.)[2], une commission pour « ouyr le différend d'entre lesdicts de Roberval et Cartier, tant sur le fait de ladite recepte et despance que aultres, par eux respectivement prétendus. » Cette commission eut pour président mattre Legoupil, conseiller et lieutenant de l'amirauté de France, au parlement de Rouen. Elle constata que la somme dépensée par Cartier excédait de 1.638 livres les 45.000 livres, octroyées par le roi pour l'expédition. La sentence qu'elle prononça, le 25 juin 1544, donna donc gain de cause à Cartier sur tous les points en litige.

VII

Si l'amour propre froissé de l'intrépide navigateur l'avait poussé à se venger, il faut convenir que sa vengeance était complète. Le seigneur de Roberval n'était peut-être pas tout

1. Arch. de St-Malo HH 1 n° 3. Copie du xvie siècle.
2. On a pu remarquer l'insistance que nous mettons à faire observer les dates, dans les intervalles de janvier à Pâques, d'après l'ancienne manière de compter les années et d'après le nouveau style. C'est pour avoir trop négligé cette précaution, que certain historien de *la Découverte du Canada* s'est perdu dans sa chronologie et a publié un récit inintelligible.

à fait déconsidéré, mais il était totalement ruiné. Renonça-t-il pour jamais à retourner au Canada ? Deux quittances[1] dressées le 18 juillet 1545, par Jean Lecroq, notaire royal, « en la ville françoise de Grâce (Franciscopolis ou le Havre-de-Grâce) » sembleraient attester que le vice-roi de Canada songeait alors encore à sa colonie. Par la première, Claude Yon, marchand bourgeois à Paris, reconnait avoir reçu de Jean-François de la Rocque la somme de 69 liv. 10 sols, 10 den. tournois, savoir « quarante-trois livres dix sols dix deniers t., pour cinq cens de fers à picque, à luy livrés, et vingt-trois livres t., pour sept seringues, dont quatre sont d'arain, et les aultres d'estain, ung pistollet de hacquebutte à rouet, le tout à luy livré pour servir en l'armée de mer. » Par la seconde, Guillaume Barre, demeurant à Fescamp, « maistre d'ung flouyn, » confessait avoir été payé de « la somme de vingt escus d'or sol, pour luy et deux marinyers, pour conduire son dict flouyn avec cinq compaignons qui estoient du caraçon. » Ces quittances toutefois pourraient fort bien ne se rapporter qu'à des dépenses faites pour l'expédition de 1542. L'imparfait *estoient* l'insinue.[ʼ]

On eut pitié de l'infortune du vice-roi du Canada à la cour de France. En juillet 1544, au moment où Charles-Quint s'avançait vers le Valois, François Ier envoya J.-F. de la Rocque à Senlis, avec des lettres de commission[2] pour y construire de nouvelles fortifications. De la porte Bellon à celle de Creil tout le système de défense fut renouvelé. Sous la promesse d'être affranchis du logement des troupes que le roi mettait en garnison dans les villes fortes et closes, les habitants consentirent à payer une partie de la dépense et fournir journellement 115 hommes de corvée. Le seigneur de Roberval fit preuve d'un grand talent. Il se signala dans ces travaux par une activité et un dévoüement qui dépassent

---

1. Originaux au château de Roberval.
2. J. FLAMMERMONT. Hist. des Institut. municipales de Senlis, 1881, p. 128. — MALLET, p. 46. — BROISSE. Recherches histor. sur la ville de Senlis, 1835, in-8°.

tout éloge. Senlis dépensa à cette occasion 30.000 livres, équivalant à 150.000 fr. de nos frais actuels. L'année suivante, le seigneur de Roberval fit, pour la sureté de la ville, démolir le moulin de Saint-Vincent qui existait depuis longtemps hors de la poterne.

Par lettres patentes[1], données à Lyon, le 30 septembre 1548, Henri II lui concéda « toutes les mines et minières métalliques estant au royaulme de France », c'est-à-dire la faculté d'y « quérir et cherchier les mines d'or, d'argent, d'azur (*lapis lazuli*), de plomb et aultres métaulx, par tous les lieux et places. » Pendant neuf ans, J.-F. de la Roque pouvait « ouvrir par lui ou ses commis toutes et chacunes mines, minières et substances terrestres, tant minérales qu'autres, précieuses ou non, pour en tirer profit, lui et les siens, et par suite faire construire usines, moulins, four-neaux, affinières, etc..., et prendre à des particuliers toutes les terres qu'il jugera contenir mines, en payant la valeur de ces terres et non des mines. » Nul autre que lui ne devait jouir de pareil privilège, pendant la durée de sa concession. Il n'avait à payer au roi que l'impôt du dixième, encore en était-il exempt, pendant les cinq premières années de l'ex-ploitation. Et comme ces avantages ne parurent pas suffi-sants au seigneur de Roberval, pour attirer les étrangers, sur sa demande, le roi déclara, par lettres datées de Reims, le 10 octobre 1552[2], qu'il était autorisé « 1° à s'associer dans l'exploitation de chaque mine jusqu'à huit personnes, même étrangères, sans dérogation à leur noblesse ; 2° à éri-

1. Voir Édits, ordonnances..... sur le faict, ordre et police des mines et minières de France, depuis le roy Charles VI jusques à Louis XIII, 1631 in-8°. Bibl. nat. F. 4458[1]. — *Bulletin de la Soc. des Antiq. de France*, t. XXXI, p. 115. — Nous devons à l'obligeance de M. Gabriel Marcel, bibliothécaire à la Biblioth. nat., section des cartes, une foule de renseignements bibliographiques, relatifs au seigneur de Roberval, notamment tout ce qui a trait à sa charge de gouverneur général, superintendant des mines du royaume. Nous lui en exprimons toute notre reconnaissance.

2. Voir Édits, ordonnances sur le faict des mines.

ger un marché franc près des dites mines ; 3° à prendre dans les forêts le nombre et quantité d'arbres dont il aura besoin, en les payant raisonnablement ; 4° à administrer la justice, tant au civil qu'au criminel, quant au fait des dites mines, jusqu'à la sentence définitive, inclusivement l'exécution, sur tous ouvriers, trafiquants, besoignants aux dites mines ; 5° à élever des maisons fortes, tant pour garder le produit des mines, que pour servir de prisons, de les munir d'armes offensives et défensives, etc. » Ses associés, s'ils étaient étrangers, obtenaient par le fait des lettres de naturalisation ; ils étaient affranchis de toute taille. Les mines, ouvertes par lui, restaient sa propriété, mais il y avait obligation pour lui d'en ouvrir au moins 30 en l'espace de neuf ans. Ces divers privilèges furent enregistrés au parlement de Grenoble, le 21 novembre 1553 et en la seneschaussée de Carcassonne, le 12 décembre suivant. Ils permettaient au seigneur de Roberval de se dire maître, gouverneur général, superintendant des mines et minières de France. Sa fortune n'en resta pas moins compromise. Rien ne pouvait plus le sauver de la ruine.

Le 9 juillet 1550, il était reconnu débiteur de 1.486 l. 10 sols d'arrérages de rente envers Jean-François de Suzanne, chevalier, seigneur de Cerny, gentilhomme ordinaire de la vénerie de France. Le 24 mai 1552, le sieur de Suzanne envoya Aléaume Mengin, sergent au bailliage de Vitry, lui signifier le commandement de solder sa dette. J.-F. de la Rocque fit déclarer par son maître d'hôtel Aloph François que cela lui était présentement impossible et laissa saisir sa terre, le 9 juillet. Bien que les criées d'usage aient été faites immédiatement, c'est-à-dire les dimanches 10 et 24 juillet et 7 août, à la porte de l'église de Roberval, à l'issue de la messe paroissiale, douze ans s'écoulèrent en procédures et atermoiements. Les créances, produites dans cet intervalle, prouvèrent surabondamment que le seigneur de Roberval était tout à fait insolvable. Les voici dans l'ordre où elles furent mises par arrêt du Parlement, le 7 septembre 1564 :

A Jean-Jacques de Suzanne, baron de
Cerny, François de Suzanne, Hugues
de Vaulx, sieur de Saintines et
Jeanne de Suzanne, sa femme,
Charles de Fouilleuse, sieur de Fla-
vacourt et Françoise de Suzanne, sa
femme, héritiers de Jean de Suzanne,
chevalier, sieur de Cerny et de Françoise d'Estavelle, leurs père et mère,
pour capital et arrérages de rentes.   5.615 liv.

A Louis de Magdaillan, neveu de J.-F. de
la Rocque.   36

Aux religieuses de Poissy, pour les arrérages d'une rente de 25 liv. due, la vie
durant de Jeanne de la Rocque, religieuse de leur couvent, à dater de
1520, et pour les arrérages d'une
autre rente de 40 sols, rachetable au
capital de 40 l. à prendre après le
décès de la dite Jeanne, environ. .   240

A Guillaume de Magdaillan, beau-frère
de J.-F. de la Rocque, pour capital
et arrérages de rentes. 5.720

A Jean de Boutillac, sieur de Marcony. .   6.960

A Nicolas Denier 1.650

A Olivier Favier.   250

A Robert Herny, procureur général. . .   3.002   15 s.

A Catherine Prestecelle, veuve de François d'Aubray   100

A Claude de Cyville, fils d'Alonce de
Cyville, sieur de St-Martin. . . .   22.164   11 s. 6 d.

A Marie de Cyville, pour vin payé. . .   1.800

A Claude du Val. . . . . /. .   1.078   5 s.

A Mathieu Dubois.   320   18 s. 6 d.

A Paul Hézin.   259   17 s.

A Antoinette de Hangest.   550

Aux religieuses du Moncel.   309   16 s.

TOTAL. . . . . 50.057 liv. 3 s.

La terre et seigneurie de Roberval fut enfin mise à prix le 28 novembre 1564. Louis de Magdaillan en offrit 4.000 livres parisis. Après deux surenchères, l'une de 200 livres, faite par Jacques du Fay, écuyer, sieur de Mortefontaine, le 13 décembre, et l'autre de 100 l., faite par Louis de Magdaillan, le 16 décembre, elle fut adjugée à ce dernier le 22 décembre, au prix de 5.300 livres; mais le décret de vente[1] ne fut délivré que le 22 février suivant (1564, 1565 n.s.).

J.-F. de la Rocque était mort depuis plus de quatre ans.

Le 30 avril 1560, après Pâques, il obtenait des lettres en forme de requête civile au sujet de son domaine saisi. Le 10 février suivant (1560, 1561 n.s.) Louis de Magdaillan présentait, au même sujet, une requête au Parlement, comme tuteur et curateur ordonné par justice à François de Magdaillan, héritier par bénéfice d'inventaire de feu François de la Rocque, son oncle. Né vers 1500[2], le vice-roi de Canada avait environ 60 ans à son décès, arrivé vraisemblablement à la fin de l'année 1560.

Quelques années avant sa mort, il avait eu la direction des travaux à faire aux fortifications de la ville de Paris. Nous le savons par un ordre que donna, le 10 juillet 1557, le prévôt des marchands et échevins, François de Vigny, de lui faire payer pour ce motif la somme de 87 l. 4 sols tournois et par le reçu de cette somme, qu'ajouta et signa J.-F. de la Rocque, au revers de la pièce.

La charge de gouverneur général superintendant aux mines du royaume fut, après son décès, donné à Claude Griffon de Guillem, écuyer, seigneur de St-Jullien, son associé depuis le 30 avril 1556, qui prêta le serment d'usage le 11 mars 1562.

1. Rouleau de parchemin, long de 5 m. 33; château de Roberval.
2. Lescarbot fait de J.-F. de la Rocque un gentilhomme du pays de Vimeu; nous ne savons pourquoi. Ferland veut qu'il soit né en Picardie. Il a pu fort bien naître en Languedoc. Son père était connétable de Carcassonne.

Comment mourut le seigneur de Roberval?

« Il paraît, dit Charlevoix[1], que M. de Roberval, fit encore quelques autres voyages au Canada, mais de bons mémoires assurent que la guerre, déclarée entre François Ier et Charles-le-Quint, l'arrêta pendant quelques années en France et qu'il se distingua même dans cette guerre, comme il avait fait en plusieurs autres occasion. Tous conviennent au moins, qu'il fit un nouvel embarquement, en 1549, avec son frère, qui passait pour un des plus braves hommes de France, et que François Ier avait surnommé le gendarme d'Annibal. Ils périrent dans ce voyage avec tous ceux qui les accompagnaient, et on n'a jamais bien su par quel accident ce malheur était arrivé. »

Les quittances de 1545, dont nous avons parlé, donneraient raison à l'historien de la Nouvelle-France, au moins pour ce qui regarde l'expédition de 1549, si toutefois les quittances n'avaient pas plutôt trait aux frais de l'expédition de 1542. Le fait est plutôt accrédité que contredit, par les lettres qu'Henri II adressait de Villers-Cotterêts, le 3 septembre 1553[2], à ses conseillers du Parlement de Grenoble, relativement aux privilèges, concédés en 1548, à Roberval, pour l'exploitation des mines. Le prince y fait savoir que le sieur de Roberval a négligé l'enregistrement de ses lettres de privilèges, « pour certaines et plus grandes occupations, à lui survenues, dit-il, depuis la date de ces lettres, tant pour nos affaires qu'autrement ». Si Roberval a péri dans un naufrage, ce n'est assurément pas en 1549, ni en 1550.

Thévet[3] l'ami particulier de J.-F. de la Rocque, qu'il appelle « mon familier » affirme qu'il fut assassiné la nuit à Paris, près le Charnier des Innocents. Il n'y a rien d'invraisemblable dans cette version.

1. Histoire de la Nouvelle-France, 1744, t. I, p. 22. Bibl. nat. LK 12.
2. Voir Édits, ordonnances sur le faict des mines.
3. Cosmographie universelle, 1571, l. XXIII, p. 1019.

Quant au frère du seigneur de Roberval, nous ne le trouvons mentionné dans aucun titre. Charlevoix seul en dit ce que nous avons cité. Les contrats, cependant, nous ont fait connaître un certain nombre de parents du vice-roi du Canada. C'est d'abord sa sœur, Charlotte de la Rocque, à laquelle il donna 2.500 livres, à l'occasion de son mariage avec Guillaume de Magdaillan, seigneur de Montataire, en juin 1526. Ce sont ses cousins germains, Bertrand de la Rocque, capitaine de Cherbourg, et son frère Guillaume de la Rocque, écuyer, tous deux seigneurs de Blaizains en Languedoc. Ce sont encore frère Jean de la Rocque, prieur de Cherbourg et Jacques de la Rocque, écuyer, désignés en 1535 comme ses cousins ; Jeanne de la Rocque, religieuse à Poissy en 1520. Marquise de la Rocque, qui, le 26 mai 1542, achetait à Pierre Culot, marchand à Verberie, 10 sols parisis de surcens, à prendre sur Jean Tirlet de Rhuis, et Françoise de la Rocque qui, le lundi 6 août 1548, reçut en l'hôtel seigneurial de Roberval la visite d'Étienne Lefèvre, sergent à cheval à Senlis, envoyé par les chanoines de Saint-Frambourg de Senlis, pour réclamer au sieur de Roberval 258 l. 9 s. 6 d., dues à leur église[1] etc.

Les contrats sont muets également sur l'infortunée Marguerite, nièce, ou du moins assez proche parente du sieur de Roberval, qu'il aurait cruellement punie de s'être laissée séduire, en l'abandonnant avec son amant et sa vieille nourrice Damienne, à 36 lieues des côtes du Canada, dans une île inhabitée, désignée depuis sous le nom de l'île de la Demoiselle. Thévet déclare tenir cette histoire de Marguerite elle-même. Il l'aurait rencontrée à Nontron dans le Périgord où, craignant toujours la colère de son oncle, elle aurait cherché un refuge, lors de son retour en France, après être restée 29 mois sur cette roche déserte[2]. Le nom

---

1. Titres originaux au château de Roberval.
2. THEVET. Cosmographie univ. — L'Heptaméron des nouvelles de très illustre et très excellente princesse Marguerite de Valois, royne de Navarre. Paris, Benoist-Prevost, 1559, in-4°. Nouvelle LXVII.

de Marguerite nous fait penser à Marquise de la Rocque
mais Marquise n'a pas suivi J.-F. de la Rocque au Canada.
Elle était encore à Roberval à la fin de mai 1542.

Le vice-roi du Canada réprimait sévèrement les moin-
dres infractions. « Si quelqu'un défaillait, soigneusement il
le fesoit punir. En ung jour, il en fit pendre six, encore
qu'ils fussent de ses favoris, entre autres ung nommé
Galloys, puis Jehan de Nantes. Il y en eut d'autres qu'il fit
exiler, ayans les fers aux pieds, pour avoir esté trouvés en
larcin d'objets qui vaudroient cinq sols tournois ; d'autres
furent fustigés pour le mesme fait, tant hommes que femmes
pour s'estre simplement battus ou injuriés[1]. » Cette sévérité
était nécessaire avec le personnel de prisonniers, criminels
et fugitifs qu'il avait emmenés. Que serait devenue sa
colonie, s'il avait eu moins de fermeté ? « M. de Roberval
dit Hakluyt, fit très bonne justice et punissait chacun suivant ses mérites, ... au moyen de quoi on vécut en paix. »

Le seigneur de Roberval avait des talents naturels, des
connaissances techniques, un grand patriotisme, un cœur
ardent, généreux, facile à se dépenser. Et pourtant il ne
réussit dans aucune de ses entreprises. Il se ruina et ruina
ses amis. Son défaut d'ordre et de méthode compromit ses
meilleurs projets. Il eut réalisé des merveilles, s'il avait été
bon administrateur.

1. Thevet. Cosmogr. univ.

ROBERVAL ET LE SAGNAY

EXTRAIT DE LA CARTE DE PIERRE DESCELIERS (1546)

Imprimé
à Compiègne
Par HENRY LEFEBVRE
Membre de la Société Historique.

—

Septembre 1892.

www.ingramcontent.com/pod-product-compliance
Lightning Source LLC
LaVergne TN
LVHW022133080426
835511LV00007B/1121